# “こわい”がなくなる
# 投資1年生の教科書

ファイナンシャル・プランナー 佐藤 彰

自由国民社

# はじめに

投資は「こわい」……。

長年、資産運用の仕事をしてきて、多くの方々から言われ続けたのがこの一言です。

本書はまさにこの「投資はこわい」という感情を克服できる本という趣旨で、常日頃から皆さんに一からお伝えしたいと感じている諸々のエッセンスをギュッと1冊にまとめました。

本書の特長は以下の3点です。

・全くの投資初心者から始めることができる！
・お金のリテラシー向上と資産運用の実践を同時にできる！
・自分のタイプに応じて進みたい投資のステージを選べる！

本書のサブタイトルにもある「マネトレ投資法」とは、マネートレーニングの略です。

資産運用のトレーニングの中で、お金のリテラシー向上と資産運用の実践の両方を同時に行うことができる方法です。

そして、自分自身がレベルアップしたら、より本格的な資産運用に取り組むことができます。リターンを積極的に狙っていく投資はもちろんのこと、ワクワク感を味わいたい、社会貢献の一端を担いたい、というような感情面での報酬も合わせて得られる投資も、ゆくゆくは実践できるのです。

日本は人口減少と少子高齢化が進んでおり、経済もかつてのように右肩上がりではありません。今後さらに増税が行われる可能性があり、物価上昇の収まる気配は見えません。資産形成をより意識的に考え行動していく必要性が高まっています。

現に岸田内閣は資産所得倍増プランを打ち出し、貯蓄から投資への流れを加速させていくために、資産運用の各種制度の見直しを正式に表明しています。また、２０２２年4月からは高等学校での金融経済教育もスタートしています。

私は13年間、証券会社に勤務した後に独立し、今はファイナンシャルプランナーとして個人相談、企業研修、各種メディアでの執筆活動を行っています。

一般的にファイナンシャルプランナーは、たいてい保険や金融商品の販売に携わって生計を立てている方がほとんどですが、私は金融商品等の販売からは中立の立場で情報提供することが必要だと思い、情報提供そのものを対価として活動するというスタンスを取っています。その意味では、私の仕事は金融教育です。

私が皆さんに一番お伝えしたいことは、「自信を持って欲しい」ということです。

お金がたくさんあっても人は幸せとは限りませんが、お金があることで人生の選択肢を増やすことはできます。現在では、投資は知識ゼロからでも少額からでもできるものとなりました。資産運用に苦手意識がある方も、ぜひ本書で資産形成を始めながらお金のリテラシーを向上させ、豊かな人生を歩んでいっていただきたいと思います。

今回本書でご紹介するマネトレ投資法が、皆さんの今後の人生に少しでもお役に立つものとなれば、これ以上嬉しいことはありません。

２０２２年12月

ファイナンシャルプランナー　佐藤　彰

CONTENTS

はじめに

第1章
投資初心者はマネトレから始めるのが正解

1 初心者はいきなり投資を始めてはいけない …… 12
最初に損を出すと取り戻すのが難しくなる

2 投資は3つのステージに分けて考える …… 17
投資をリスクのレベルで3つに分ける

3 マネトレ投資法とは何か? …… 25
誰でも無理なく始められる

4 マネトレ投資法はどうやって始める? …… 30
ノーリスクからでもスタートできる

第2章
知っておきたい最低限の投資の基礎知識

1 投資によくある先入観をなくそう …… 34
ネガティブなイメージを持ったままだと失敗する

2 お金には3つの種類がある
生活防衛資金・目的のあるお金・余裕資金 …… 40

3 投資初心者が考える代表的な金融商品
4つの金融商品の特徴としくみをまず理解しよう …… 47

4 投資は基本的に長期で行う
投資の三大原則① 長期投資 …… 63

5 投資は1つの資産に集中させない
投資の三大原則② 分散投資 …… 68

6 定額積立で購入タイミングを分散する
投資の三大原則③ 積立投資 …… 72

## 第3章 学びの投資を実践する

1 学びの投資とはどんなもの
わずか100円からでもリアルな投資が可能になった …… 78

2 マネーダイアリーをつける
後で「振り返り」ができるようお金の日記をつけておく …… 85

3 学びの投資でどれを選ぶ？
タイプ別診断 …… 90

4 学びの投資① 少額投資
100円や1株といった少額から投資を始める …… 96

5 学びの投資② ポイント投資
ポイントそのものを運用する …… 98

6 学びの投資② ポイント投資
ポイントで株を買う …… 103

7 学びの投資③ バーチャル投資
バーチャル投資で株取引を練習する …… 110

8 「学びの投資」の過程でリスク管理を学ぶ
投資した後のリスク管理を意識する …… 116


## 第4章 資産形成の投資を実践する


1 ルールを厳守した手堅い投資
資産形成の投資で何を目指すのか？ …… 120

2 証券投資の税金と申告制度
特定口座（源泉徴収あり）なら確定申告不要 …… 125

3 投資で得た利益が非課税となる口座もある
NISA口座のしくみと種類 …… 131

4 つみたてNISAのしくみ 長期・分散・積立投資のスタンダード 137
5 iDeCoのしくみ 掛金を積み立てながら自分で運用する私的年金制度 142
6 iDeCoの最大の強みは大きな節税効果 3つの税制優遇を正しく知る 148
7 iDeCoにはデメリットもある 長期投資だからこその注意点 152
8 つみたてNISAとiDeCo どっちを使う? 柔軟さならつみたてNISA、節税効果ならiDeCo 156
9 証券会社に口座開設して積立額を決める つみたてNISAの実践① 158
10 運用商品を選んで運用を開始する つみたてNISAの実践② 166
11 金融機関に口座開設して運用を開始する iDeCoの実践 177
12 長期投資の見直しとリスク管理 つみたてNISAとiDeCo共通のリスク管理 182

# 第5章 楽しむ投資を実践する


1 「楽しむ投資」とは何を目指すのか？ 190
投資の楽しみは一様ではない

2 一般投資家向けの楽しむ投資 192
余裕資金で行う株式個別銘柄投資

3 あなたにお勧めの楽しむ投資法（4タイプ） 198
チェックシートでタイプを診断

4 大きな値上がりを狙うワクワク投資 200
割安株投資と成長株投資

5 自分の「好き」にこだわる推しの投資 209
自分の好きな商品・サービスなどからのアプローチ

6 企業を応援する社会貢献の投資 214
SDGsやESG経営に取り組む企業を評価する

7 想像力で勝負するトレンド投資 219
すべてのジャンルにトレンドは存在する

# 第1章

# 投資初心者はマネトレから始めるのが正解

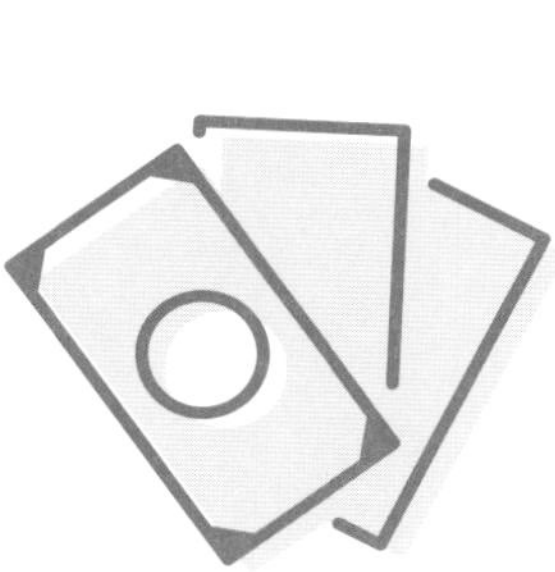

1

最初に損を出すと取り戻すのが難しくなる

# 初心者はいきなり投資を始めてはいけない

なぜ、投資初心者はいきなり投資を始めてはいけないのか、その理由を一言でいえば、投資に対するリテラシー不足が原因で、失敗する可能性が高いからです。それはどういうことなのか、2つの観点から説明します。

## ◎あやしい金融商品に手を出してしまう可能性がある

投資はどんな金融商品に投資するかが重要です。

ひとえに投資といってもその種類は多く、多種多様なのですが、知識や経験が不足している時点でいきなり投資を始めてしまうと、初心者には不向きな金融商品を選んでしまう可能性が高くなります。

最悪、詐欺まがいの投資に手を出してしまうおそれもあります。よくテレビなどで報道される話で、資金を出してある投資を始めたら、そもそも出したお金が投資さえされておらず、実際にはお金をだまし取られていたという話もときどき耳にします。そうなることも否定できません。近年もジャパンライフ事件、かぼちゃの馬車事件、西山ファーム事件といった**投資詐欺事件**が大きく報道されましたが、こういった事件は後を絶ちません。

また、若者を狙ったＦＸや暗号資産の取引に関する投資詐欺も増えており、国民生活センターに寄せられたＦＸを名目にした投資のトラブルの相談件数も、右肩上がりで急増しているとのことです（２０２２年6月29日・日本経済新聞朝刊）。

投資の情報で目につきやすく、なおかつ、一見すると魅力的に見えやすい金融商品はこういった手のあやしい商品です。たいていこういう商品は、簡単にすぐに大きく儲かる一方でリスクが低い、というように宣伝されます。

しかし、**投資の世界でリターンが高くリスクが低いということはあり得ません。**リターンが高いということは、それ相応にリスクも高いということです。投資のリテラシーがあれば、そのことにすぐ気がつきますが、そうでなければ目についた宣伝にすぐ飛びついてしまう可能性もあります。

## 近年の投資詐欺事件の例

| 事件名 | 概要 |
|---|---|
| FX投資<br>詐欺事件 | 架空の投資会社で、高配当が得られるとFX投資を募り、約50人から計約1億5千万円を騙し取った詐欺事件。2022年3月23日、8人が逮捕される。 |
| ジャパンライフ<br>事件 | 100万円以上もする磁気治療器を顧客に買わせ、レンタル料を支払うという名目の「オーナー商法」で全国から出資者を集めた巨額詐欺事件。同社は2017年末、負債総額2,405億円で破綻。元会長ら14人が逮捕され、2022年1月29日、元会長に懲役8年の実刑判決が下る。 |
| 西山ファーム<br>事件 | 岡山県の観光農園経営会社をめぐる投資詐欺事件。フルーツ（桃）をクレジットカードで購入すると、同社が海外に転売し3%の配当が得られるとして、実態がない取引で出資金を騙し取る。被害額は約133億円。2021年10月27日、5人が逮捕される。 |

## ◎予想もしない大損をする可能性がある

投資は自分のペースで始めることが大切です。

あやしい金融商品に投資をしてしまうと、結果は大損する危険性が高いですが、たとえ真っ当な金融商品への投資であっても、やり方を間違ってしまったために後で大きな損をする可能性もあります。

「投資」は、自動車の運転に似ていると私は考えています。

自動車はとても便利なものですし、社会にとっても欠くことのできない交通手段です。しかし、ときには不幸な事故で大けがをされる方や最悪亡くなられる方もおられます。

自動車を運転するとき、いきなり購入して路上に出る人はいないでしょう（そもそも明らかに道路交通法違反ですね）。最初は、教習所に通い運転に必要な知識を身につけ、運転の練習をし、免許を取得してから路上で運転を始めますね。**「投資」も同じです。**

いきなり投資を始めるのは、自動車を購入して無免許で路上に出るのと同じことです。

その一方で、教習所に通うようにしっかりと勉強してから始めれば、投資も安全に実践することができます。

欠陥車を選んでしまえば、当然事故を起こす可能性が高いですが、正常な自動車に乗っていても運転に必要な知識やスキルがない場合は事故を起こすリスクが高い、自動車とはそういう危険な乗り物です。

投資の場合もまさに同じです。よくわからないままいきなり始めてしまえば、うまく使いこなすことができません。**本来自分が取れる以上のリスクを取ってしまい、想定以上の損を出してしまう**おそれがあります。金銭的なダメージであれば、また投資に必要な資金を貯めて再挑戦することもできなくはありません。

しかし、大損を出して負うのは金銭的なダメージだけではなく、精神的なダメージもあります。その後に投資に回せる資金を作ったとしても、投資はこわい、本当はやりたくないといったネガティブな感情というダメージが残っていれば、次の投資に二の足を踏んでしまうことになりかねません。

POINT

- **どんなに勧誘されても、あやしい金融商品には絶対に手を出さない。**
- **免許もないのに車を買っていきなり運転する人はいない。投資も同じこと。**

投資をリスクのレベルで3つに分ける

2

# 投資は3つのステージに分けて考える

前節のような失敗をしないためにまず覚えていただきたいのは、投資には実にさまざまな種類があるということです。

例えば、いま投資初心者に人気の高いiDeCoやつみたてNISA以外にも、**株式投資**、**投資信託**への投資、国債や社債などへの**債券投資**、**FX**（外国為替証拠金取引）、原油や大豆などの**商品先物取引**などのほか、**金**（GOLD）、アンティークコインやワイン、**不動産**といった実物資産への投資などもあります。

さらに、最近ではビットコインに代表される**暗号資産**（**仮想通貨**）への投資もあり、投資対象はますます増え続けています。

世間一般にはその多くの種類をごっちゃにして話されることが多く、それが投資を始める上での障害になっているというのが、投資に携わる仕事を15年間続けてきた中での私の実感でもあります。

そこで私が、これから投資を始めたいと考えている皆さんにお勧めしているのが、個々の投資の種類はひとまず置いておき、「投資」を主にリスクのレベルによって3つのステージ（段階）に分けて考えていただくことです。

これからその詳細について、説明していきます。

## ◎学びの投資とは？

1つ目は「学びの投資」です。学びの投資とは、「資産を増やす」本来の投資を行う前に「投資の入門」として実施する「投資の練習」のことです。

最近、学校教育で**アクティブラーニング**という手法が盛んだと聞きますが、それと似ています。学びの投資の「学び」とは、机の上での「お勉強」ではなく、自ら能動的に動いて学ぶ体験学習中心の「学び」を意味します。

投資は当然、「資産を増やす」ために行うわけです。しかし、投資を始めていきなり短期間で資産が増えるわけではありません。投資で失敗する原因の3点も、「投資を始めてすぐに大儲けしたい」という欲求が背景にあると思います。

知識・経験とともに着実にお金が増えるのが理想

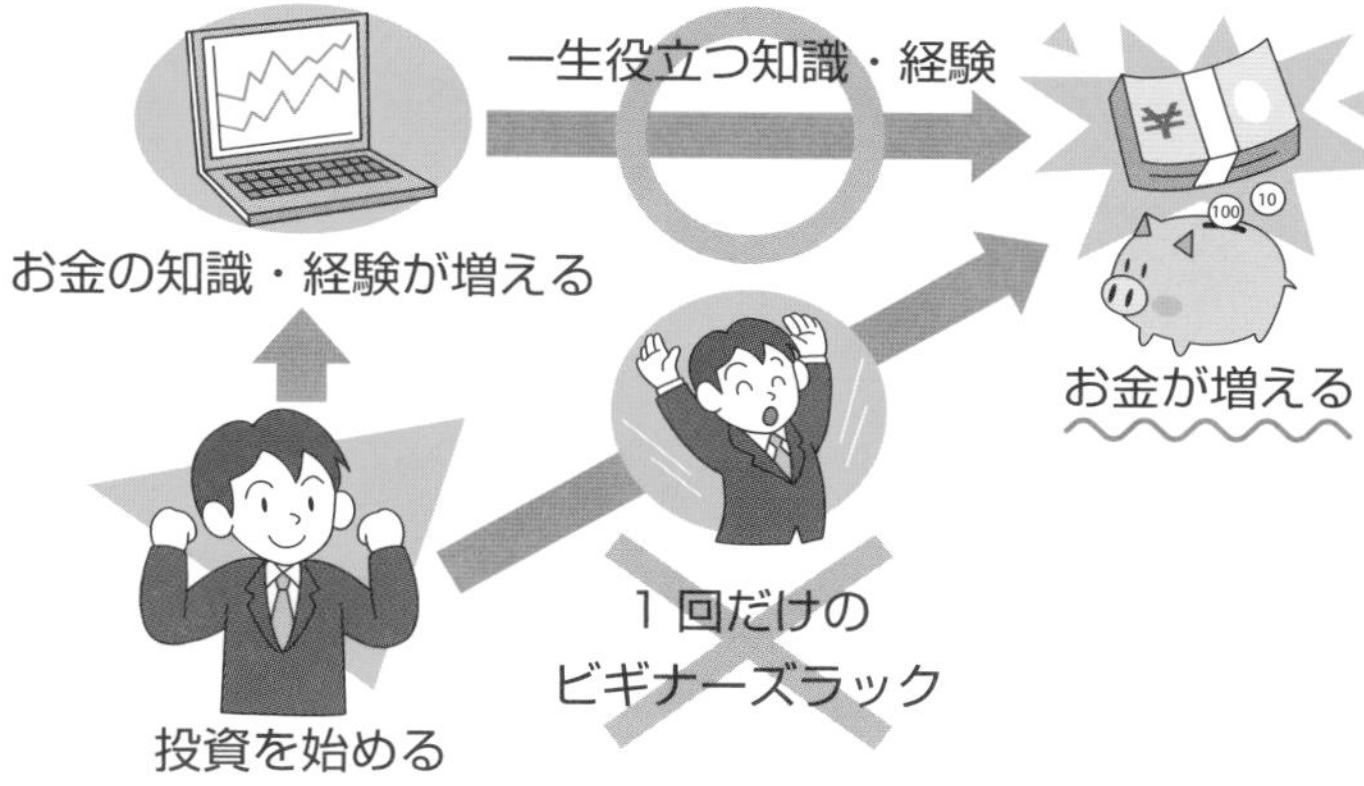


実際には、投資を始めてから次第にお金の知識や経験値が増えてきて、その後にお金が増え始めるというのが真っ当な過程になります。

**このお金の知識と経験値を、投資しながら増やしていくのが最初のステップです。**お金を増やすのではなく、まずは「お金を学ぶ」ことを目的とした「投資」が必要です。

テレビやネットの世界では、株で大金を稼いだとか、ほったらかし投資で1億円といった話もよく話題になりますし、投資系ユーチューバーといった人々が人気を集めています。

ただ、こういう人たちの中で本当に成功している人は投資を始めてすぐに儲けたというよりも、そこに至るまでにさまざまなことを勉強したり、失敗を繰り返しながらようやくそこまで到達しているのが実際の姿なのです。

中には、投資を始めていきなり大きく儲けたという話題も出てくることもありますが、実際にそういうケースはまれで、参考にはなりません。宝くじに当たるのと同じで運がよかっただけです。

自動車の運転だと免許があって初めて路上で運転できます。運転前に一定レベルに達することが強制されています。しかし、投資はフリーです。「免許」がなくても金融市場という「路上」で投資を始められます。これでは「事故」に遭っても文句はいえません。

ですから、自分から意識的に、「教習所で学ぶ期間」を設定することが必要になるのです。「学びの投資」を実践する期間は、自動車の教習所に通う期間があるのと同じイメージと考えてください。

## ◎資産形成の投資とは？

2つ目は「資産形成」の投資です。これは名前の通り本格的に投資を始め、資産を増やしていくことを目的にした投資です。いわば「当たり前」の投資かもしれません。世間一般的には、このタイプの投資を勧められることが多いですが、これがすべての投資のしかたではありません。

この投資は、セオリーに則った手堅い投資で、言い換えれば「つまらない」投資になりがちです。基本的なことを地道に継続していくだけですし、よくも悪くも考えたり、悩んだりする手間がかかりません。

だからこそ、誰にでも実践可能で再現性の高い投資法でもあります。また投資は将来の何かしらの目的のための資産づくりとして始めるわけです。その意味では「失敗できない」投資です。**勝つよりも「負けない投資」**と表現することもできるでしょう。

私は野球が好きなのですが、資産形成の投資は野球でいえば、国際試合の野球です。

野球だとどんな試合をするのかで選ぶ選手が変わってきます。例えば、国内のオールスターの試合であれば、ファン投票で選ばれた選手が一堂に会して試合をします。その選手はもちろん、実力のある選手ではありますが、それに加えて人気もないと選ばれません。いわば、オールスターの試合は「**ファンが喜ぶ野球**」です。

一方で、WBCなど国際試合のときは、日本代表監督が選手を選びます。国際試合の場合は一発勝負で、負けが許されない場合が多いでしょう。そのため点を取ることより、点を取られないことを重視して選手を選びます。それは金メダルを取るためです。いわば国際試合の試合は確実に勝つためで、言い換えれば「**負けない野球**」です。

「資産形成の投資」はまさにこれと同じです。人生も一発勝負でやり直しがききません。だからこそ、考えなくてはならないのが「負ける」リスクです。そのリスクを極力減らした手堅い手段で投資するのが、資産形成の投資です。

## ◎楽しむ投資とは？

3つ目が「楽しむ投資」です。これは資産を増やすことだけでなく、「**ワクワク感**」を大切にした投資です。「資産形成の投資」はガチガチのやり方で投資の裁量が少ないため、やっていても楽しくないという話をときどき耳にします。こういった投資とは一線を画した投資です。

上がるか
下がるか
ワクワクしたい！

私は証券会社出身ということもあり、昔から多くの人にどういった投資をしたらよいのかとよく聞かれます。投資ですから、当然資産を作りたいからやりたいと思っている人ばかりと思われがちですが、むしろ値段が上がるか下がるかのドキドキ感を味わいたい、というのが主な目的なんだなと感じる方も実は意外と少なくありません。そういった投資をやってみたい方にお勧めの投資が「楽しむ投資」です。

こういう投資を普段からやっているのは、昔ながらの対面型の証券会社で取引をしている、いわゆる富裕層の顧客です。このような方々は既に十分な資産を持っていて、老後資金が心配だからという方はほとんどいません。投資で損をしたからといって生活に困るという方は少数派です。

では、どうして投資をしているのかというと、「楽しい」からです。証券会社と取引すると、残念ながら投資資産にマイナスが出る方も少なくはありません。それでも証券会社は長い日本の歴史の中でなくなることなく、今でも存在しています。

一般的に顧客が損をしても企業として成り立つという業種はあまりありませんが、証券会社はその例外に当たります。なぜそうかといえば、顧客に提供しているのが値上がり益だけではなく、「**ワクワク感**」もあるからです。

昔ながらの証券会社で取引している顧客は、金銭的な利益を得ることだけでなく感情的なベネフィットも、投資のモチベーションになっているわけです。

**POINT**

**●投資をリスクのレベルによって、3つのステージに分けて考える。**
**●資産が増えるのが楽しみな「ワクワク感」という動機も無視できない。**

3

誰でも無理なく始められる

# マネトレ投資法とは何か？

投資の初心者にとって、投資の始め方は非常に重要です。上記に挙げた3つのような失敗をしてしまえば、投資に対してトラウマを抱えてしまい、お金を増やしていくのがかえって難しくなってしまいます。

それでは、投資の初心者はどのように投資を始めたらいいのでしょうか？　それが本書のサブタイトルでもある「マネトレ投資法」です。

## ◎マネトレ投資法の3つの効果

マネトレ投資法とは、**学びの投資⬇資産形成の投資⬇楽しむ投資**というように、3つの投資をステップアップしながら資産運用を実践していく投資法です。

「学びの投資」からスタートすることで、初めて投資をする人でも、一から金融リテラシーを向上させながら、無理なく投資を始めることができます。また、ステップアップ式だからこそ、自分の金融リテラシーのレベルに合わせて投資を進めていけます。
さらに、投資を楽しみたい人でも、リスクを取りすぎて大損するリスクを極力抑えることができます。

## ◎投資がこわい人も確実に始められる

ファイナンシャルプランナーとして仕事をしていると、相談者や講座の参加者の方から、「投資に興味はあるけれど、なかなか…」という話を特に女性の方からよく聞きます。理屈でわかることと、実際の行動は別です。

投資のリスクが気になる方は、投資で損をしたくない気持ちが強いため最初のハードルが非常に高く、**関心はあるもののいつまで経っても始めることができない**ということは珍しくはありません。

「投資がこわい」と感じるのは、実際の投資を知らないからです。その「こわさ」を払拭するには実際に投資を体験してみるのが一番です。

その第一歩が「こわい」と感じない投資、つまり練習です。自動車の運転でまずは教習所で練習するように、投資も練習から始めて体験することができます。

## ◎机の上ではなく実践で投資を学べる

投資を学ぶときには、本を読んだりネットで調べたり、まずは机の上での勉強から始めることになります。

もちろんこれも大事なことですが、投資は概念的で実態が見えにくいものなので、やってみないとわからないことがたくさんあります。より大事なのは実践しながら学ぶことです。

例えば、**投資ではリスク管理が大事だ**、とよくいわれます。その通りなのですが、実際に投資をして資産が減った経験をしないと、リスクをどう管理していいかわかりません。価格が下がったときには心理的にもプレッシャーがかかりますので、投資の判断をするには精神力が必要です。

それはリアルに経験しないとわかりません。

本格的に投資を始めた後になって初めて失敗に直面すると、あせって投資判断を誤ったり、ショックを受けてやめてしまう可能性もあります。そうならないよう、**事前に失敗のシミュレーションをする**という意味もあります。

また「投資で資産が増える」といわれて頭ではわかっても、「本当なの？」という心配は完全には消えないでしょう。これを実感するには、実際に経験することが必要です。投資で資産が増える実感、成功体験を持つことも、投資を長く続けていくためには大切なことです。

## ◎自分の求める投資タイプに応じて進んでいける

投資にはタイプがあります。

先ほどのように、「投資はとにかくこわいからしっかり練習してから本格的に始めたい」という方であれば、練習の投資にじっくり取り組んでから始めればいいわけです。

また、投資は始めてから知識や経験が増していくものです。投資に慣れて次のステップにいきたいときにどうしたらいいか、についても情報がほとんどありません。そのときにどうやって次のステージにいったらいいか、これもマネトレ投資法ならステップが決まっているので、自然と行うことができます。

始めたばかりの頃は順調に投資を進めていても、ある程度慣れてきたときにリスクを取りすぎた運用になってしまう方もおられます。この点、マネトレ投資法なら自分の成長に合わせたステップアップの投資が可能です。

さらには、資産を増やすだけでなく、投資を楽しみたいという方もいらっしゃいます。ご相談の中でも自分の投資手法や銘柄の発掘方法について熱心に話される方が多く、そういう方々にただ「手堅く投資をしなさい」とアドバイスするのは違うかなと日々感じています。

そのような方であれば、マネトレ投資法で、学びの投資や資産形成の投資を実践した上で、「楽しむ投資」に進むことができます。

**POINT**

- 学びの投資⬇資産形成の投資⬇楽しむ投資の3ステップ
- 金融リテラシーを向上させながら学べる。

ノーリスクからでもスタートできる

## 4 マネトレ投資法はどうやって始める?

このマネトレ投資法では、どの方もまずは「①学びの投資➡②資産形成の投資➡③楽しむ投資」というように、投資練習のための「投資」から始めていきます。

### ◎まず学びの投資から始める

投資は「こわい」、「むずかしい」、「やり方がわからない」。そう感じていつまで経っても投資をスタートできない原因は、この「学びの投資」をしていないからです。

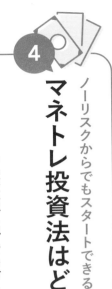

一方で、「投資で大損した」といった話をあちこちで聞きますが、それは金融のリテラシーがないにもかかわらず、いきなり「楽しむ投資」を実践しようとするからです。

マネトレ投資法で、投資初心者の方はまず「学びの投資」をぜひ実践してみてください。投資がこわいと思っている方でも確実に始められ、堅実に資産を作りたい方だけでなく投資を楽しみたいと思っている方でも、大損するリスクを極力減らしながら投資を

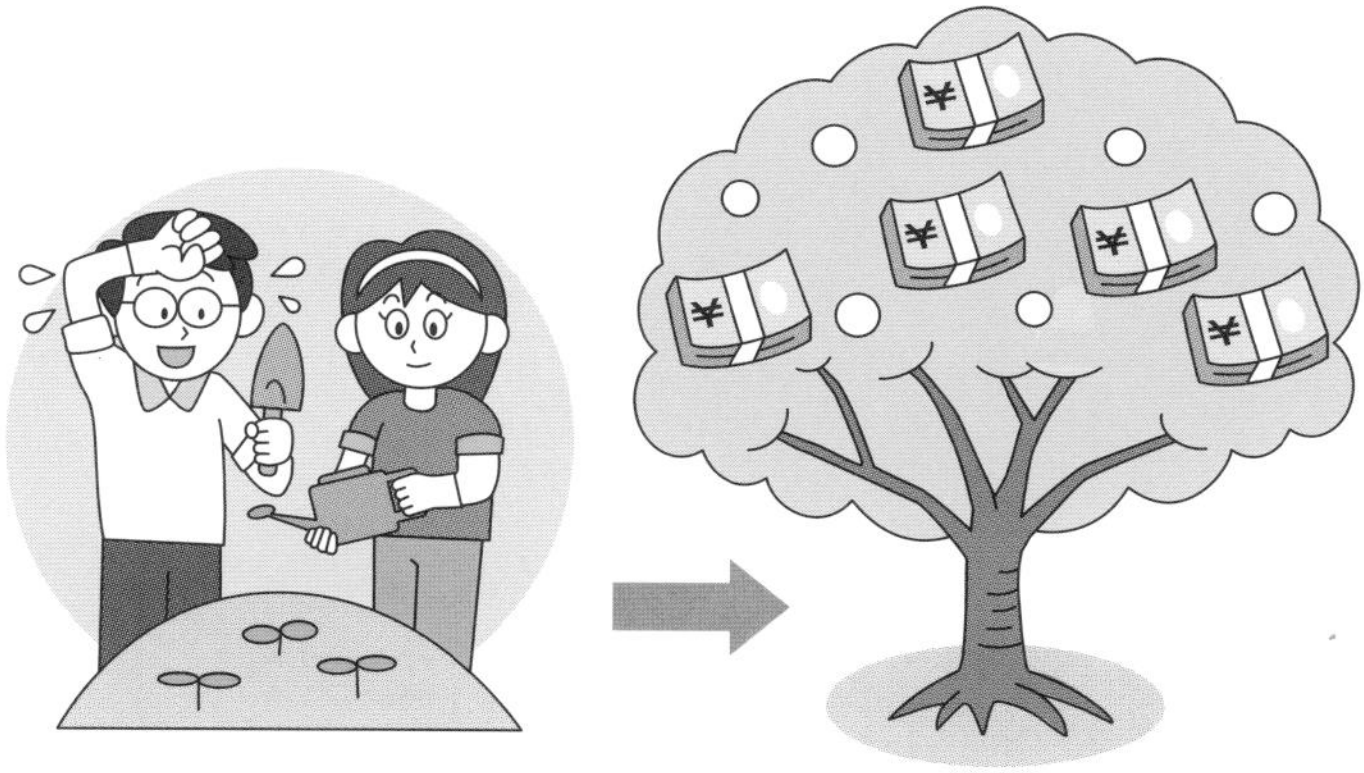

実践することができます。

今現在、投資にあまりよいイメージがなくても、自分に関係ないと思っている方でももちろんかまいません。

実際にやってみることで印象が変わるかもしれませんし、仮に変わらなかったとしても、それはそれで学びになります。一度やってみた上で「やっぱり自分には投資は必要ない」というのと、やりもしないで「投資は必要ない」というのとでは、結論が同じでも内容は異なります。

また、次の「資産形成の投資」に進んだからといって、必ずその次の「楽しむ投資」までしなくてはいけないわけではありません。

それは「投資自体が楽しい」、「もっと時間も手間もかかってもいいからいろいろやってみたい」と思う方であれば、実践するとよいというステージです。

投資は将来の資産形成のために最小限度の手間暇だけで行いたいという方であれば、「資産形成の投資」までで十分です。

## ◎無理をする必要など全くない

マネトレ投資法は、自分の進みたいステージまで投資を実践できればいいのであって、すべての人を全く同じ投資法に無理やり当てはめるものはありません。マネトレ投資法は、全くの投資初心者から始めることができるのと同時に、自分の投資への志向性も考えて、自分の進みたいステージまで選べるオーダーメイド投資法です。

**POINT**

- **投資がわからなくても、学びの投資だけはやってみよう。**
- **次のステップにいくかは、どんなに人に勧められても最後に決めるのは自分。**

# 第2章

# 知っておきたい最低限の投資の基礎知識

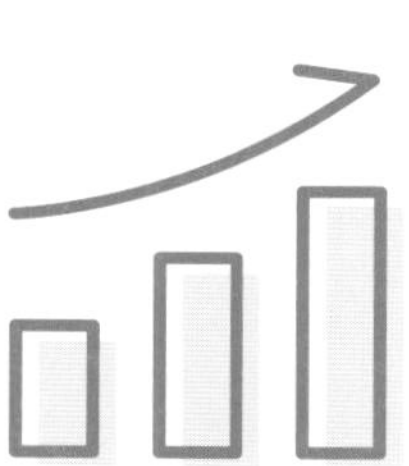

ネガティブなイメージを持ったままだと失敗する

# 1 投資によくある先入観をなくそう

投資を始めるに当たっては、たくさんの知識が必要だと思われる方が非常に多いでしょう。しかし、マネトレ投資法では実際に投資をしながら学んでいく形を取りますので、まずはやってみることが重要です。

とはいえ、その「まずやってみる」上で最低限大事にしていただきたい心構えと知識もまたあります。そこで、第2章ではマネトレ投資を始める前に最低限チェックしていただきたい事項について、説明していきます。

## ◎マネトレ投資法のマインド部分

まずは、マネトレ投資法を始める前のマインドの部分です。

投資に関しては、何かしらネガティブなイメージを持っている方がまだ非常に多いと思います。私自身もそれを実感していますが、データからもその状況を確認することができます。

## 証券投資全般のイメージ（複数回答）

2021年度

| 回　答 | % |
|---|---|
| 難しい | 50.9 |
| 資産を増やす | 37.6 |
| ギャンブルのようなもの | 30.7 |
| なんとなく怖い | 30.6 |
| お金持ちがやるもの | 27.2 |
| 将来・老後の生活資金の蓄えに役立つ | 20.7 |
| しつこく勧誘される | 10.5 |
| 勉強になる | 10.3 |
| 面白そう | 3.7 |
| 社会貢献に役立つ | 2.8 |
| その他 | 2.1 |
| 無回答 | 0.4 |

2018年度

| 回　答 | % |
|---|---|
| 難しい | 41.2 |
| 資産を増やす | 37.6 |
| ギャンブルのようなもの | 32.6 |
| お金持ちがやるもの | 32.5 |
| なんとなく怖い | 29.3 |
| 将来の生活資金の蓄えに役立つ | 16.1 |
| しつこく勧誘される | 10.7 |
| 勉強になる | 8.7 |
| 社会貢献に役立つ | 2.8 |
| 楽しそう | 2.0 |
| その他 | 2.4 |
| 無回答 | 0.8 |

（出所）日本証券業協会「2021年度 証券投資に関する全国調査（個人調査）」より抜粋

上表は、日本証券業協会が実施したアンケート調査の結果です。2018年度と2021年度というコロナ禍の前後のデータを2つ示しました。上位の回答はほぼ同じですが、いずれも投資にネガティブなイメージを持っている人が多いことがわかります。

まずは、そのネガティブなイメージを払拭していただきたく、イメージの主要なものについて、1つずつ見ていきたいと思います。

### ◎投資はこわい？

人間が恐怖を感じるのは未知のものに対してだと、心理学の世界ではいわれています。裏を返せば、「投資も知ってしまえばこわくはない」ということです。

ここで、よく例を挙げて説明するのが、1章でお話した自動車の運転です。いきなり投資を始めるのは、免許もないのに自動車を購入して無免許で路上に出るのと同じようなものです。

しかし、教習所に通うようにしっかり勉強すれば、安全に実践することができます。今回お話する投資法も、あたかも自動車の教習所に通うかのように学びながら投資の知識や経験を積み上げて、本格的な投資に入っていける方法です。

## ◎投資は難しい？

いきなり本格的に投資をやろうと思えば、確かに簡単ではありません。ただ、投資には定石があり、シンプルに実践する方法があります。本書ではその方法論をお伝えしていきます。

「投資が難しいと感じる気持ちを今すぐ払拭してください」とは申しません。そういった気持ちを持ちながらでも、マネトレ投資法は実践できます。「難しい」という気持ちは横において、まず始めてみることを大事にしてください。

## ◎投資はギャンブル？

これは「**ギャンブル**」「**投機**」「**投資**」の3つを混同しているために生じる勘違いです。まずギャンブルとは、賭博、賭け事のことですが、日本では宝くじや競馬、競輪などの公営以外は禁止されています。アメリカをはじめ海外にはカジノがありますが、日本にはまだありません。

おそらく投資をギャンブルのように感じる方は、例えば複数のモニターを一日中眺めながら株や為替などを売り買いしているデイトレーダーなどをイメージしているのではないでしょうか。

こういった**デイトレード**（一日のうちに売買を完結させる取引）などは「投機」に該当します。投機とは一般に、相場における価格変動を利用して利益（鞘）を得ることを目的に、短期間で売買することを指します。対象には株や為替、金などの貴金属、穀物など実にさまざまなものがあります。投資未経験者から見れば、「ギャンブル的」と見られなくもないでしょう。

これに対し投資は、**中長期的に値上がりが期待できる将来有望な投資対象に、中長期**

## 花王（4452）の株価の推移

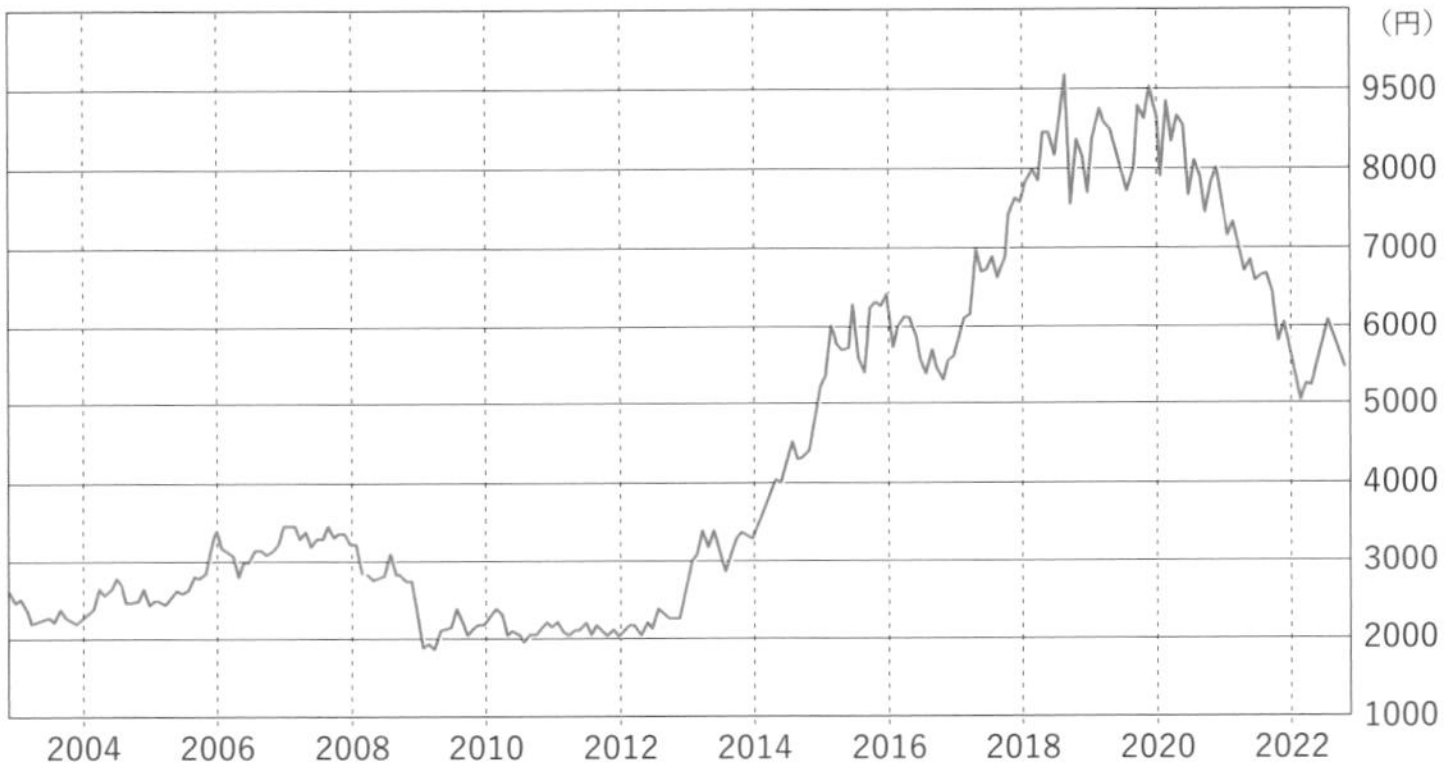


**的に資金を投じること**です。株や不動産などが代表的な投資対象になります。

例えば、日本を代表するトイレタリー用品メーカーの**花王（４４５２）**の年間配当は、１９９０年３月期は７・１円でしたが、そこから31期の長きにわたり連続増配中（２０２１年12月期・１４４円）で、20倍にも成長しています。２０２２年12月期も１４８円で増配予想となっています。

配当の伸びとともに株価も上昇していきました。２０１２年１月時点では２０００円程度でしたが、そこから上昇し、２０１８年９月には９０００円を超えました。

また、アメリカのＮＡＳＤＡＱに上場する電気自動車メーカーである**テスラ（ＴＳ**

LA）は、約10年前の2012年6月の株価は6・2ドル台でした。その後も100ドル未満で推移してきましたが、電気自動車の本格的な普及を受けて2020年1月に1000ドルを突破してから急上昇し、2021年11月には高値で1243ドルまで上昇しました。

この2つの事例は成長株投資の事例といえます。ただし、投資と投機の間に厳密な区別などはありません。

このようにリスクを管理しながら、安全性を重視しつつゆっくり資産を増やしていくのが本来の投資であり、本書でご紹介するのもギャンブル的ではない投資です。この点はまた本題でも取り上げたいと思います。

**POINT**

- **ギャンブル・投機・投資の違いをしっかり理解しよう。**
- **安全性を重視しながらゆっくり着実に資産を増やしていく。**

2

生活防衛資金・目的のあるお金・余裕資金

# お金には3つの種類がある

次にマネトレ投資法を始める前に最低限理解していただきたい知識について、解説します。

その1つ目がお金には種類があるということです。お金には投資に向いている資金、そうではない資金があります。この区分けがとても大事です。

お金に「種類」があると書くと、初めて聞く話だと思う方や、どういうことなのかイメージがわかない方もいらっしゃるかもしれません。

これは、言い換えれば、利用の用途によってお金を使い分けるのが正解ということです。これは、投資をするかどうか以前に、計画的にお金を使うために必要な知識でもあります。

その3つとは、左図のように**生活防衛資金**、**目的のあるお金**、**余裕資金**です。

**手持ちのお金は3つに分ける**

| 生活防衛資金 | 目的のあるお金 | 余裕資金 |
|---|---|---|
| 日常の生活費、病気やケガに備えるお金 | 10年以内に使う予定があるお金（住宅購入の頭金、教育費など） | 10年超使う予定のないお金（老後生活資金など） |

積極的に投資に回すのはこの資金！ → 余裕資金

現金で持つお金、投資に回すお金のバランスが大事（目的のあるお金・余裕資金）

## ◎生活防衛資金とは？

これは日々の生活をするための資金および万が一に備えた生活防衛資金のことです。

**例：食費、光熱費、通信費、住居費、入院費など**

生活防衛資金の額については、専門家でも意見が分かれていますが、会社員の方なら最低でも6か月分、自営業の方なら最低でも12か月分の生活費を目安にするといいでしょう。

自営業の方の場合は、年金や医療保険などの公的な社会保険が会社員よりも手薄なので、より多めに確保しておくことが必要です。

## ◎目的のあるお金とは？

「目的のあるお金」とは、今後近いうちに使う予定のあるお金のことです。「近いうち」とは、人によって解釈は分かれるところですが、10年以内を目安に考えておけばいいでしょう。

**例：住宅購入時の頭金、お子さんの教育資金など**

注意したいのは、目的ではなく期間で「目的のあるお金」なのかどうかを判別する点です。

例えば、お子さんの教育資金の場合、お子さんが小さいときに大学進学資金を作りたいと思っていて、それまでの期間が10年超であれば、「目的のあるお金」には該当しません。一方で、お子さんが中学進学時に大学進学資金を作りたいと思った場合は、それまでの期間が10年以内ですので、「目的のあるお金」になります。

## ◎余裕資金とは？

今後しばらく使う予定のないお金のことです。この「しばらく」というのは、10年超を目安に考えておけばいいでしょう。

**例：老後生活資金など**

これも「目的のある資金」と同様に、目的ではなく期間で判別する点に注意します。上記に挙げた「老後生活資金」であれば、定年退職まであと3年という時点で作りたいと思った場合は「余裕資金」ではなく、「目的のあるお金」になります。

## ◎投資に回す資金は「余裕資金」が中心

これら3つのうち、投資に回すことができるお金の中心は、「**余裕資金**」です。後で詳しく解説しますが、投資は長期にわたり行うのがセオリーです。ですから、使うまでの期間が10年超ある「余裕資金」を投資に回すのが正解です。

「目的のあるお金」は、基本的には貯金に回す資金です。場合によっては、低リスクの金融商品で運用する方法もなくはありませんが、その場合は投資する金額には注意し、**実際に使うことになった際にすぐにちゃんと換金できるかの確認が必要**です。

これらは、投資をする前に最低限知っておかなければならない基本事項なのですが、意外と知らない人が多いように思います。その結果、投資に資金を振り分けすぎて生活費が不足してしまい、後から投資に回した資金を取り崩して生活費に回さざるを得ないというケースも出てきます。

## ◎最近の若い世代の傾向

私も20代、30代くらいの若い方のFP相談でお話をうかがう機会も増えましたが、最近は積極的に投資に資金を回している方も多くなってきました。しかし、前述した基本的なセオリーを知らないで始めてしまうあまり、生活費まで投資に回してしまっている方も少なくありません。

その背景の1つには、若い世代は投資の情報をYouTubeやSNSで収集する傾向が強いこともあるようです。こういったネット界隈には、最近ブームのFIREに関する情報も数多くあります。

**FIRE**（Financial Independence and Retire Early）とは、経済的自由を手に入れて早期リタイアするライフスタイルのことで、今アメリカの一部の若者の間で流行しています。

これを実現するためにできるだけ若いうちに投資を始め、早くまとまった資産を得よ

う と考える若い人が日本でも増えています。株式や投資信託、不動産といった金融資産からの収益（配当金、分配金、家賃など）だけで生活費を確保しようという要領です。ネット上でもＦＩＲＥを目指す人の情報発信をよく見かけますし、数年前からＦＩＲＥ関連の投資本が多く出版されています。

このＦＩＲＥを目指すには、できるだけ若いうちから投資に多く資金を出す方が早く実現できるかもしれません。しかし、生活防衛資金まで投資に回したがために、日々の日常生活に支障を来したり、スキルアップのための学習や日頃の趣味に充てるお金もままならないようでは意味がありません。

ＦＩＲＥ達成というライフスタイルを否定するわけではありませんが、ネット上のこうした情報は果たして自分に合った情報なのか、見極めることも大切です。

このＦＩＲＥに興味のある方向けの投資も、本書では取り扱っています。後述する「楽しむ投資」で取り扱いますので、正しいＦＩＲＥの狙い方についてはぜひそこを楽しみにしてください。

## ◎投資に回さないお金を考えることも重要

これは生活に支障をきたさないようにという点もそうですが、精神衛生上という面からもそうです。

人は目の前の生活を送る上で必要なお金までも心配する状況におかれれば、日常生活で理性的な判断ができなくなります。お金の面でもある程度のゆとりを持つことは、非常に大事な視点です。

何度も繰り返しますが、貯金として持っているお金をたくさん投資に振り分ければいいかというと、そうではありません。投資に回すお金とそうでないお金について、上記を参考にしてぜひ区別していただければと思います。

**POINT**

**●手持ちのお金を用途によって3つに分類する。**
**●投資に振り向けるのは、余裕資金を中心にする。**

3

## 投資初心者が考える代表的な金融商品

### 4つの金融商品の特徴としくみをまず理解しよう

次に理解していただきたい知識は、主な「金融商品の種類」です。

金融商品には、国内外を含めて実に多種多様なものがありますが、投資初心者の方にまず理解していただきたい代表的な金融商品は、**預貯金**、**株式**、**債券**、**投資信託**の4つです。

これらの金融商品は**安全性**、**収益性**、**流動性**の3点から比較して見ていくと、特徴をつかみやすいでしょう。

安全性とは、投資した元本が確実に戻ってくるかどうか、利息が確実に支払われるかどうか、などのことです。

収益性とは、投資した元本に対して期待される収益（リターン）の大きさのことです。**期待収益率**で表す場合もあります。

流動性とは、投資した元本をすぐに換金できるかどうかです。

## 金融商品の安全性・収益性・流動性

（出所）日本証券業協会HP「投資の時間」を元に作成

### ◎預貯金

預貯金は、「預金」と「貯金」の総称で一般的に銀行などの金融機関にお金を預けることをいいます。ちなみに、ゆうちょ銀行では「貯金」と呼ばれますが、預金と貯金とで本質的な差はなく、同じものと考えて差し支えありません。

預貯金の特徴は、**安全性が高く元本が額面で減ることはなく、引き出しもしやすい**ことです。

自行だけでなく他の銀行やコンビニのATMでも簡単に引き出せますから、日々の生活資金として利用するのに向いています。

〔メリット〕

・額面金額が減らず、安全性が高い
・使いたいときにすぐに引き出せる
・定期的に利息がもらえる

〔デメリット〕

・ほとんど利益にならない
・インフレに弱い
・銀行等の破綻時に保護されるのは、1金融機関で1人1000万円とその利子まで

一方で、1999年から長く続く日本銀行のいわゆる**ゼロ金利政策**により、現在では金利がほとんどつかないのがネックです。

メガバンクの普通預金金利でいえば、税引前で0・001%。1000万円の預金があっても1年間で利息は100円です。一度コンビニのATMで手数料無料の日以外でお金を引き出せば、1回で利息は吹き飛んでしまいます。定期預金でも1000万円を10年預金して、金利は0・002%（税引前）にすぎません。

なお、安全性が高いといいましたが、預貯金にリスクが全くないわけではありません。世間一般では元本保証があるといわれていますが、預貯金を預けている銀行等が破綻した場合に保護されるのは、**預金保険制度により1金融機関につき1人1000万円とその利息まで**です。また額面金額が減ることはありませんが、インフレになれば現金の価値が下がるので、預けていても実質的にはマイナスになる場合もあります。

## ◎株式

株式とは、会社が事業資金を集めるために発行する有価証券です。

株式を持つことは、一言でいえばその企業のオーナーの1人になることを意味します。ですから、株主になれば、①配当金、②株価上昇時に売却した場合は売却益（キャピタルゲイン）が得られ、③株主総会での議決権も得られます。

また、④株主優待制度がある会社では、持ち株数に応じて自社商品やサービス、クオカードといった優待品をもらえます。

〔メリット〕

・株価が上がれば売却して利益（キャピタルゲイン）を得られる

## 株式の3つのメリット

| **売却益**（キャピタルゲイン） | **配当金**（インカムゲイン） | **株主優待** |
| --- | --- | --- |
| 買った時より高く売れると売却益が出る | 会社の株主還元の1つで配当金が受け取れる | 自社製品やサービスなどの優待品が受け取れる場合もある |

（出所）日本証券業協会HP「投資の時間」を元に作成

・保有していれば配当金（インカムゲイン）や株主優待をもらえることがある
・企業のオーナーの1人として株主総会で議決権を行使できる

〈デメリット〉
・買った株が値下がりして大きく損（キャピタルロス）を出すことがある
・資産の管理に時間と手間がかかる
・買いたい価格で買えず、売りたい価格で売れないことがある

株式の一番の魅力は**高い収益性**です。株式を購入して値が上がったタイミングで売却すれば、**売却益（キャピタルゲイン）**が得られます。

IT分野など成長性の高い業種の中には、短期間で大きく株価を上げる企業もありますし、1章で紹介した花王のように、長期にわたり堅実に収益を上げ続けて少しずつ株価と配当を上げてきた企業もあり、気がついたら大きく利益が出ているということもあります。

配当や株主優待に期待し、すぐに売却しないで長く持ち続ける場合もあります。ベテラン投資家になると、「**高配当株**」に着目して株式を持つ方が多いですし、桐谷広人さんの「優待生活」で広く知られるようになりましたが、自分の好きな会社に投資し株主優待を毎年もらう「**優待投資**」で株を買うという方も多いです。

一方でネックは**リスクも高い**ことです。株式市場では、株価がリアルタイムで動いているため、自分の売り買いしたい価格では売買できない場合もあります。

**購入した後に株価が大きく下がることで損失を被ることは珍しくありません**し、発行体の企業が破綻してしまえば、最悪の場合無価値になることもあります。その分、銘柄の監視や管理に手間もかかります。

有名な一流企業ならそんなことはないと思われがちですが、過去を振り返ると、必ずしもそうとはいえません。私が証券会社に在籍中には、当時東証1部に上場していた「日本航空」が2010年1月に経営破綻し、会社更生法適用を申請。2月で**上場廃止**となりました（後に再上場）。私自身、まさか破綻するとは思っておらずとても驚きました。

また、同じく東証1部上場で、自動車のエアバック市場で世界の20％という高いシェアを持ち優良企業といわれた「タカタ」は、アメリカなどでエアバックの欠陥による死亡事故発生から2008年以降8000万台以上ものリコールが相次ぎ、経営破綻。2017年7月で**上場廃止**となりました。

さらに、現在は米国株投資も人気ですが、海外株式への投資は株価の値動きに加え、**為替変動により損失が出るリスク**もあります。

## ◎債券

債券は、国や地方公共団体、企業などが発行している借用証書のようなものです。発行体が国なら**国債**、地方自治体なら**地方債**、株式会社なら**社債**となります。株式と似ていますが、株式を持つと発行体企業のオーナーになるのに対し、債券を持っても資金の貸し手にとどまる点で違いがあります。

債券は利息の支払い方法により**利付債**と**割引債**に分かれます。利付債は、保有中は原則として決まった時期に利息が支払われ、満期まで待てば元本が戻ってきます。割引債は利息の支払いがない代わりに、その分購入価格が額面より安くなっており、満期には額面金額で元本が戻ってきます。

また、金利（利息）のつき方には、満期まで変わらない**固定金利**と市場の実勢金利により変動する**変動金利**があります。

なお、米国債をはじめ海外の国債や社債も購入できますが、外貨建て債券は満期に元本が返済されるかの**信用リスク**のほかにも、**為替変動により損失が出るリスク**もあります。

〈メリット〉
- 先進国の国債や優良企業の社債などは安全性が高い
- 株式投資と比較すると低リスク
- 満期の前に中途売却もできる

〈デメリット〉
- 株式よりは一般にリターンが低い
- 中途売却もできるが、すぐに売れるとは限らない
- 外貨建て債券は換金時に、為替変動で損失が出るリスクもある

## 債券の3つの特徴

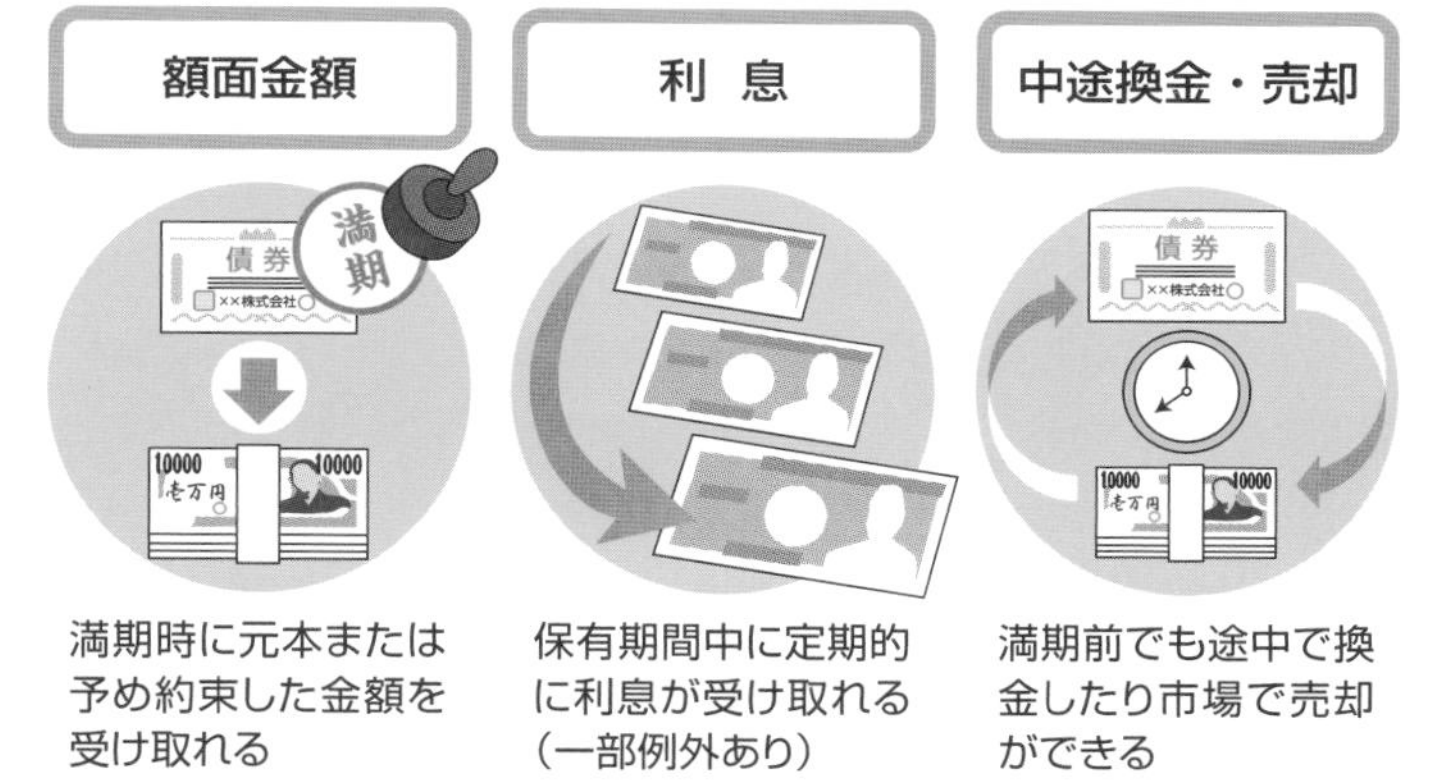
額面金額
利　息
中途換金・売却
債券
××株式会社
満期
10000
壱万円
満期時に元本または予め約束した金額を受け取れる
保有期間中に定期的に利息が受け取れる（一部例外あり）
満期前でも途中で換金したり市場で売却ができる

（出所）日本証券業協会HP「投資の時間」を元に作成

債券には、民間の格付け機関が信用度を評価した**格付け**というものもあります。一般に信用度の低い発行体の債券ほど金利は高くなります。リスクが高い見返りに金利が高くなければ、買う人はいないからです。国債でいうと、先進国の国債の金利は低くなり、途上国の国債はリスクが高い分金利も高くなるのが一般的です。

日本国債を例に取ると、日本銀行のゼロ金利政策により、現在は金利が大変低くなっています。日本国債にもいろいろありますが、個人に適したものとしては**個人向け国債**と**新窓販国債**があります。

### ●既発債も満期前に時価で売買できる

債券保有中は原則として利息が得られ、満

## 個人向け国債の商品概要

| 商品名 | 変動10年 | 固定5年 | 固定3年 |
| --- | --- | --- | --- |
| 満　期 | 10年 | 5年 | 3年 |
| 金利タイプ | 変動金利 | 固定金利 | 固定金利 |
| 金利設定方法 | 基準金利<br>×0.66% | 基準金利<br>−0.05% | 基準金利<br>−0.03% |
| 利子の受取り | 半年毎に年2回 | | |
| 金利の下限 | 0.05%（年率） | | |
| 購入単価 | 最低1万円から1万円単位 | | |
| 中途換金 | 発行後1年たてばいつでも可能 | | |
| 発行月 | 毎月（年12回） | | |

## 新窓販国債の商品概要

| 商品名 | 10年<br>固定利付国債 | 5年<br>固定利付国債 | 2年<br>固定利付国債 |
| --- | --- | --- | --- |
| 満　期 | 10年 | 5年 | 2年 |
| 金利タイプ | 固定金利 | | |
| 金利設定方法 | 発行毎に市場実勢に基づき財務省で決定 | | |
| 利子の受取り | 半年毎に年2回 | | |
| 販売価格 | 発行毎に財務省で決定 | | |
| 金利の下限 | なし | | |
| 購入単位 | 最低5万円から5万円単位 | | |
| 中途換金 | 市場で売却が可能（国の買取による中途換金はない） | | |
| 発行月 | 毎月（年12回） | | |

（出所）財務省HPを元に作成

期まで待てば元本が戻ってきます。

株式と比べると一般に安全性は高いです。その反面、リターンは一般にその分低くなります。


ネックなのは、売却したいときにすぐに売れない場合があることです。例えば、個人向け国債の場合、原則として購入後1年間は中途換金ができません。

また、発行済み債券は満期前に債券市場で売買することも可能ですが、時価の変動により損失が出たり、すぐには売れない場合もあります。

## ◎投資信託

投資信託は、多くの投資家から集めたお金をひとつの大きな資金としてまとめ、運用の専門家が株式や債券などに投資して運用するパッケージ型の金融商品です。

例えると、お弁当のようなものです。ひとえにお弁当といっても、ハンバーグ、からあげ、エビフライ、ごはん…というようにいろんな具材が入っていて、種類によって中身がそれぞれ違います。それと同じです。一口に投資信託といっても、その中身はさまざまで、種類によって全く異なります。

## 投資信託の3つの特徴

| 専門家が運用 | 少額から投資可能 | 分散投資でリスク軽減 |
|---|---|---|

| | | |
|---|---|---|
| 投資家に代わり投資の専門家が運用 | 1万円程度の少額から購入できる(数百円程度で購入できる場合もある) | 分散投資をするパッケージ商品でリスクを軽減 |

(出所)日本証券業協会HP「投資の時間」を元に作成

〈メリット〉

・ファンドマネージャーといったプロに運用をまかせることができる
・少額からでも分散投資ができる
・商品の種類が大変豊富
・個人では投資しにくい国・地域・資産にも投資できる

〈デメリット〉

・商品の種類や数が多く、選ぶのにある程度の知識が必要な場合がある
・商品の保有時にもコストがかかる商品もある
・分散投資の効果が薄かったり、運用成績の悪い商品もある
・運用の途中で繰上償還される商品もある

## 投資信託のしくみと金融市場

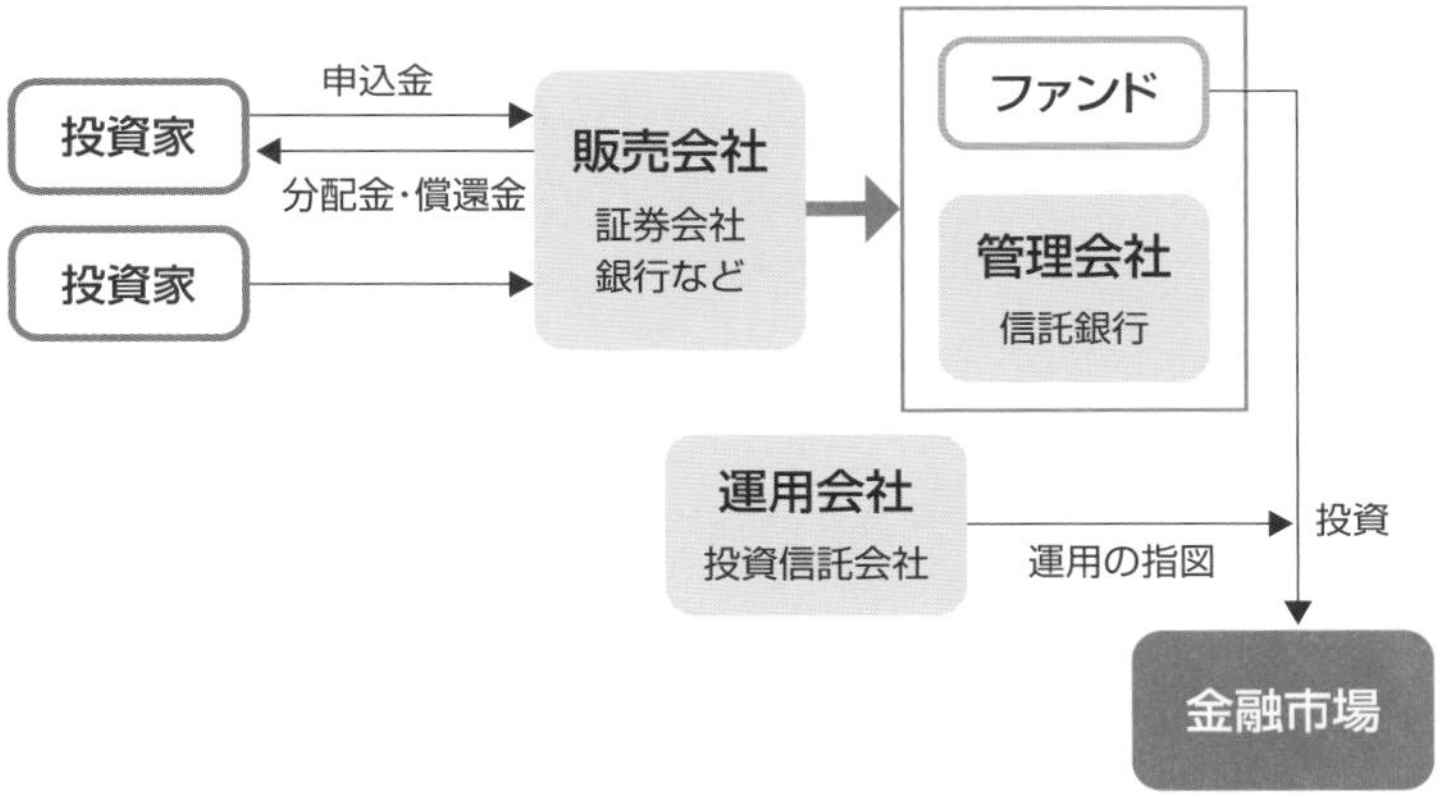


## 公募投資信託の本数

| 項　　目 | 本数 | 純資産総額 |
|---|---|---|
| 公募投資信託 | 5,976 | 166.47兆円 |
| 投資法人 | 68 | 11.49兆円 |
| 契約型投信 | 5,908 | 154.97兆円 |
| 株式投信 | 5,814 | 140.39兆円 |
| 単位型 | 91 | 4,700億円 |
| 追加型 | 5,723 | 140.39兆円 |
| ETF | 238 | 57.89兆円 |
| その他 | 5,485 | 82.50兆円 |
| 公社債投信 | 94 | 14.12兆円 |

(出所)「投資信託の全体像(2022年9月末)」(一般社団法人投資信託協会)より抜粋

投資信託は、多くの投資家から集めたお金（**信託財産**）をまとめて運用するので、1人当たりの投資金額は少額でも大丈夫です。

国内外の債券や株式、金、不動産といった数多くある投資対象の組み合わせ次第でいろいろなタイプの投資信託を作ることができるので、商品の種類は豊富です。複数の金融商品に投資をしている分、特定の商品の価格が下がったとしても、他の商品が値上がりすれば、値下がり分をカバーすることも可能です。

そして、実際の運用はプロに任せるので、投資初心者でも始めやすいですし、個人では投資しにくい国・地域・資産にも投資することができます。

ネックは、しくみが複雑でわかりにくいものや、種類が多すぎてどれを選んでいいかがわからないケースもあることです。また、プロに任せて運用するということは、運用期間中も手数料（信託報酬・管理手数料等）がかかるということでもあります。

中には購入時の手数料がかなり高かったり、似たような金融商品を組み合わせているため分散投資効果が薄く、運用成績が悪い商品もあります。

また、人気がなく資金が集まらないなどの理由で、**繰上償還**（途中で運用を終了し、投資家に資金を返還すること）される商品もあります。

## ◎金融商品のリスクとリターンは二律背反

以上、４つの代表的な金融商品についてざっと見てきましたが、**金融商品のリスクとリターンは決して都合よくは両立し得ない**ことがおわかりになったかと思います。

投資の世界で「ローリスク・ハイリターン」ということはあり得ません。もし、そういうことをアピールする金融商品があれば、それは詐欺商品である可能性が極めて高いといえます。

今回説明していない金融商品も含めてリスクとリターンの関係を示すと、次のページのようになります。

**POINT**

- **預貯金、株式、債券、投資信託の特徴としくみを理解する。**
- **金融商品のリスクとリターンは表裏一体。**

## 4つの金融商品の比較

| 種類 | 安全性 | 収益性 | 流動性 |
|---|---|---|---|
| 預貯金 | ◎ | × | ◎ |
| 株式 | △ | ◎ | ○ |
| 債券 | △〜○ | △〜○ | △ |
| 投資信託 | △〜○ | ○〜◎ | △〜○ |

（出所）日本証券業協会HP「投資の時間」を元に作成（一部改変）

## 金融商品のリスクとリターンの関係

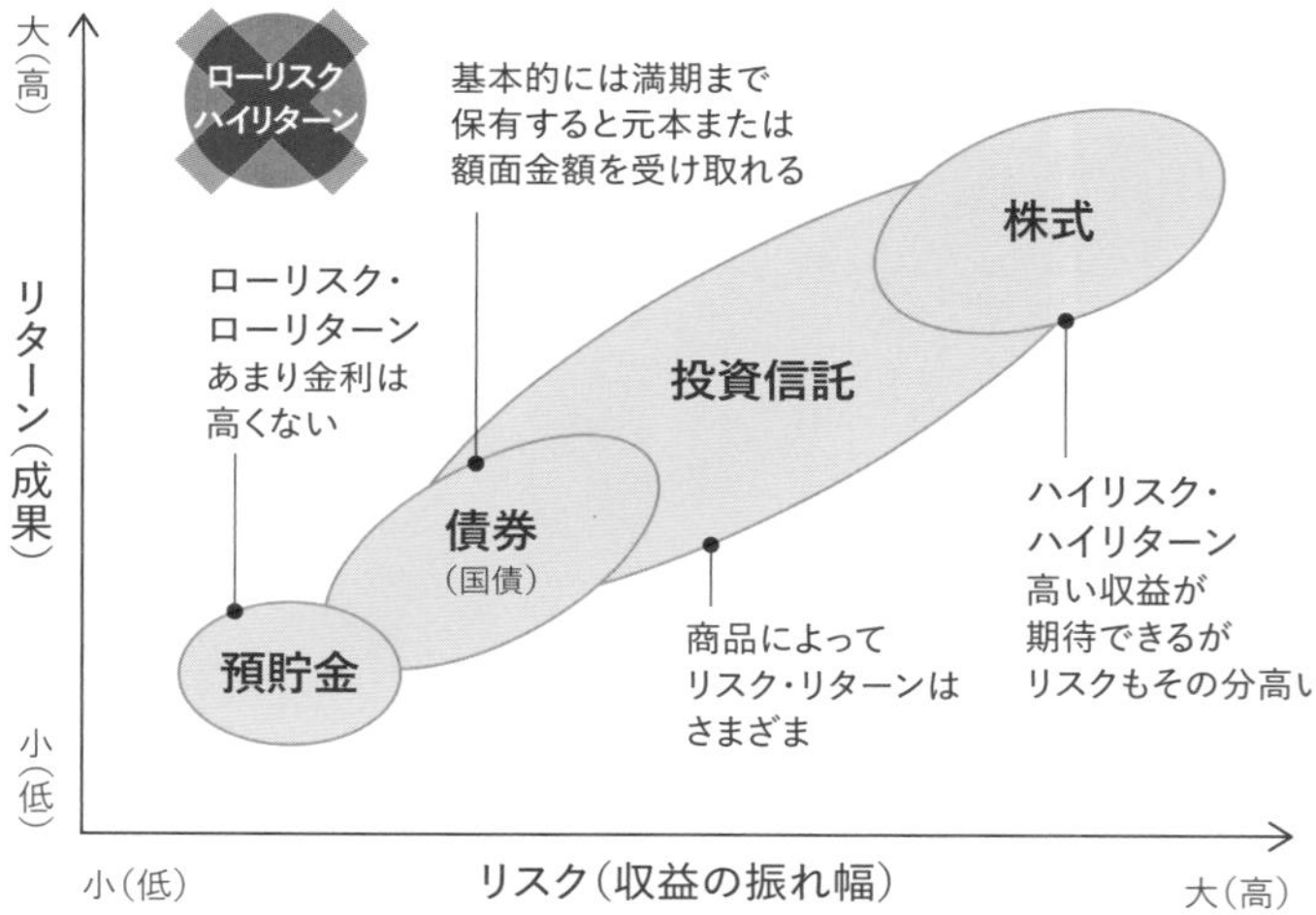


※これは一般的なイメージ図であり、すべての金融商品があてはまるものではありません。

（出所）日本証券業協会HP「投資の時間」

4

投資の三大原則① 長期投資

# 投資は基本的に長期で行う

投資には、大前提の3つの原則があります。それは長期投資、分散投資、積立投資です。それぞれについて説明していきます。

## ◎長期投資の威力

投資は、1~2年で運用の成果を見るのではなく、もっと長い期間で運用成績を見るのが正解です。

前述したように、期間の短い投資は、投資ではなく投機です。運用の期間が短くなればなるほど、その投資は投機に近づきます。

投資はさまざまな要因で資産価格が変動します。短期間の運用ではどの要因が発生してそのように資産価格に影響を与えるのか、予想するのが非常に困難です。一方で長期間の運用になれば、運用はリターンを得やすくなると考えられます。

なぜなら、例えば株式市場は、短期的には何度となく暴落や低迷を繰り返してきました。

最近では、**2020年春の新型コロナウイルスの世界的な流行による暴落**が記憶に新しいところですが、長期的に見ると株式市場は大きく上昇してきたという歴史的な事実があるからです。

例えば、アメリカを代表する株価指数の**NYダウ**を見ると、約30年前の1992年9月の株価は3000ドル台で、3500ドルにも届いていませんでした。それが約30年後の2022年3月には高値で3万6000ドル台を記録するなど、約10倍にまで上昇しています。

この30年の間には、主なものだけで**ITバブル崩壊**（2000年5月〜）、**リーマンショック**（2008年9月〜）、**コロナショック**（2020年2月〜）といった株価の暴落・低迷を伴う大きな出来事がありましたが、それらを乗り越え、長期的に上昇し続けてきたということなのです。

さらに、ハイテク株の多い**NASDAQ総合指数**はIT技術・市場の急成長に伴い、

## NASDAQ総合指数の推移

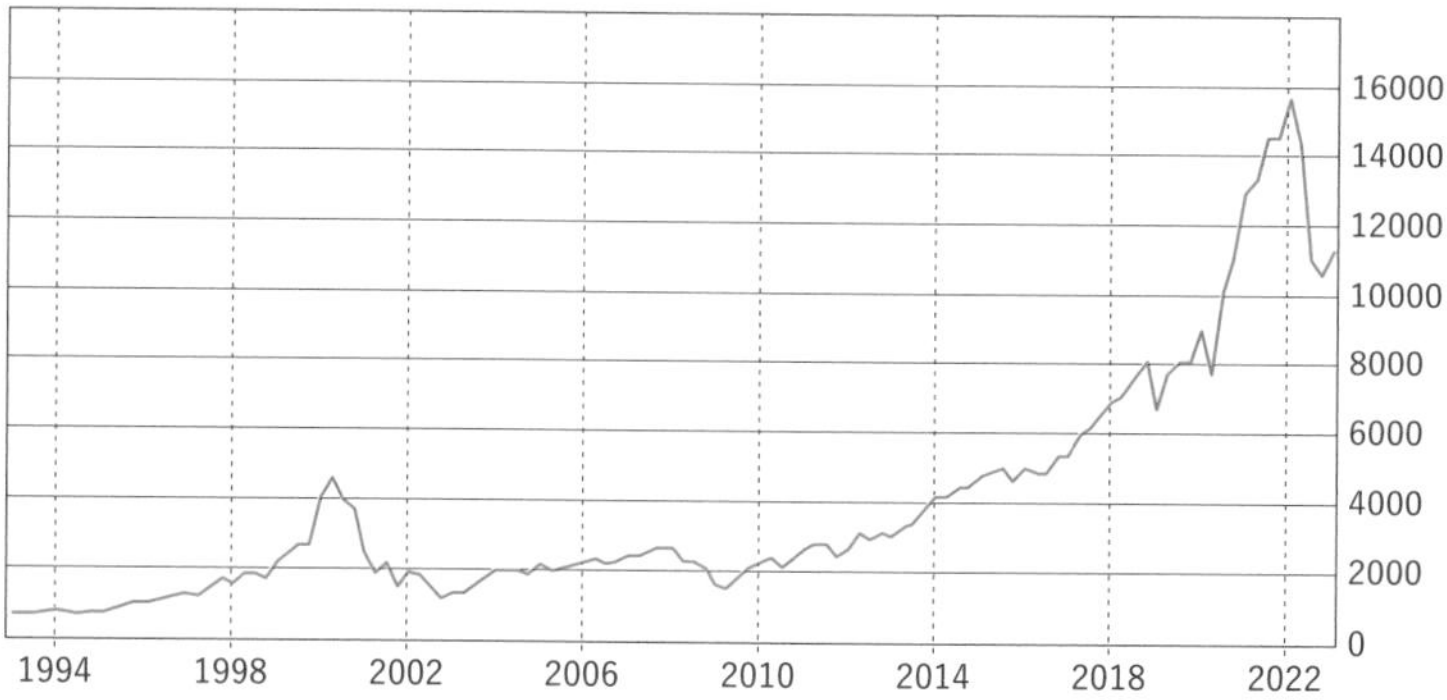


ここ20年で13倍以上もの上昇となっています。

ちなみに、日本の**日経平均株価**は、史上最高値である１９８９年12月終値（３万８９１５円）を未だ回復してはいませんが、２０２１年２月には高値で約31年振りに３万円台を記録するまでに回復してきました。

また、リーマンショック後の安値（２００８年10月・６９００円台）から見れば、何度か暴落・低迷を繰り返しながらも、現在は約４倍程までに上昇しています。

そこで、長期投資を実践し長く市場に資産を置いておけば、アインシュタインが20世紀最大の発見と称した**複利の力**を活用できる期待が高まります。うまく複利の力を活用できれば、資産は雪だるま式に増えていくわけです。

## ◎複利効果で資産を雪だるま式に増やす

投資が成功すれば資産が増えます。そのときの利益を投資元本に加えずに利益を計算していくのが**単利**、運用する投資元本に、年々増えていく利益分も組み込んで利益を計算していくのが**複利**です。言葉だとわかりにくいので、具体例で説明します。

例えば、左図のように元本100万円を毎年5％の利回りで運用していく場合について考えます。単利なら、1年後に100万円×5％で5万円の利益が出ます。翌年も元本100万円×5％で5万円の利益が出ます。元本が変わらないので増えていくのは5万円ずつです。

これに対し、複利であれば1年後に5万円の利益という点は変わりませんが、翌年は5万円を元本に組み込んだ105万円×5％で5万2500円の利益が出ます。そのさらに翌年は105万円に5万2500円の利益を乗せた110万円2500円×5％＝5万5125円の利益が出ます。

これが複利で「雪だるま式」に資産が増えていくイメージです。30年後で比較すると、単利は約250万円ですが、複利では約432万円になります。**運用の期間が長くなればなるほど急カーブ、つまり複利の力が大きくなっていく**ことがわかります。

## 複利と単利の違い

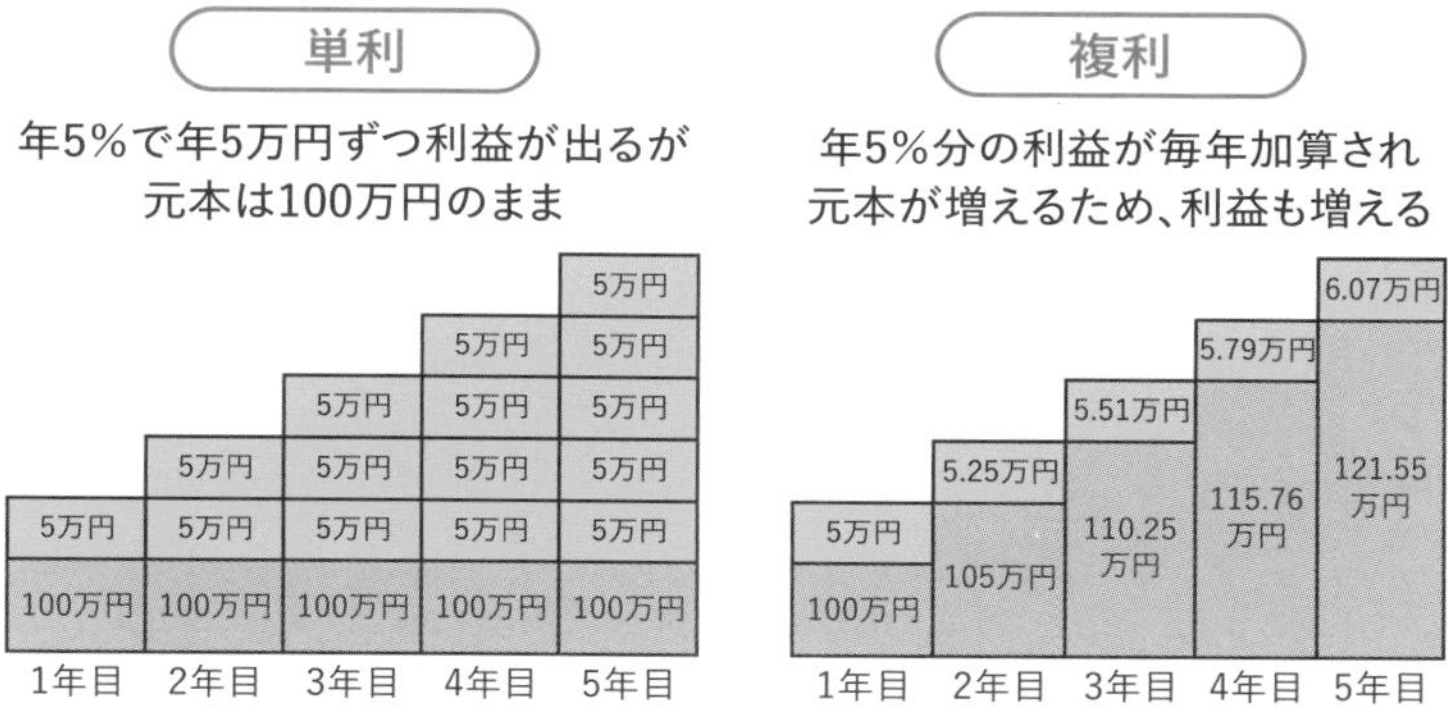


## 複利の効果（100万円を年5％で運用）

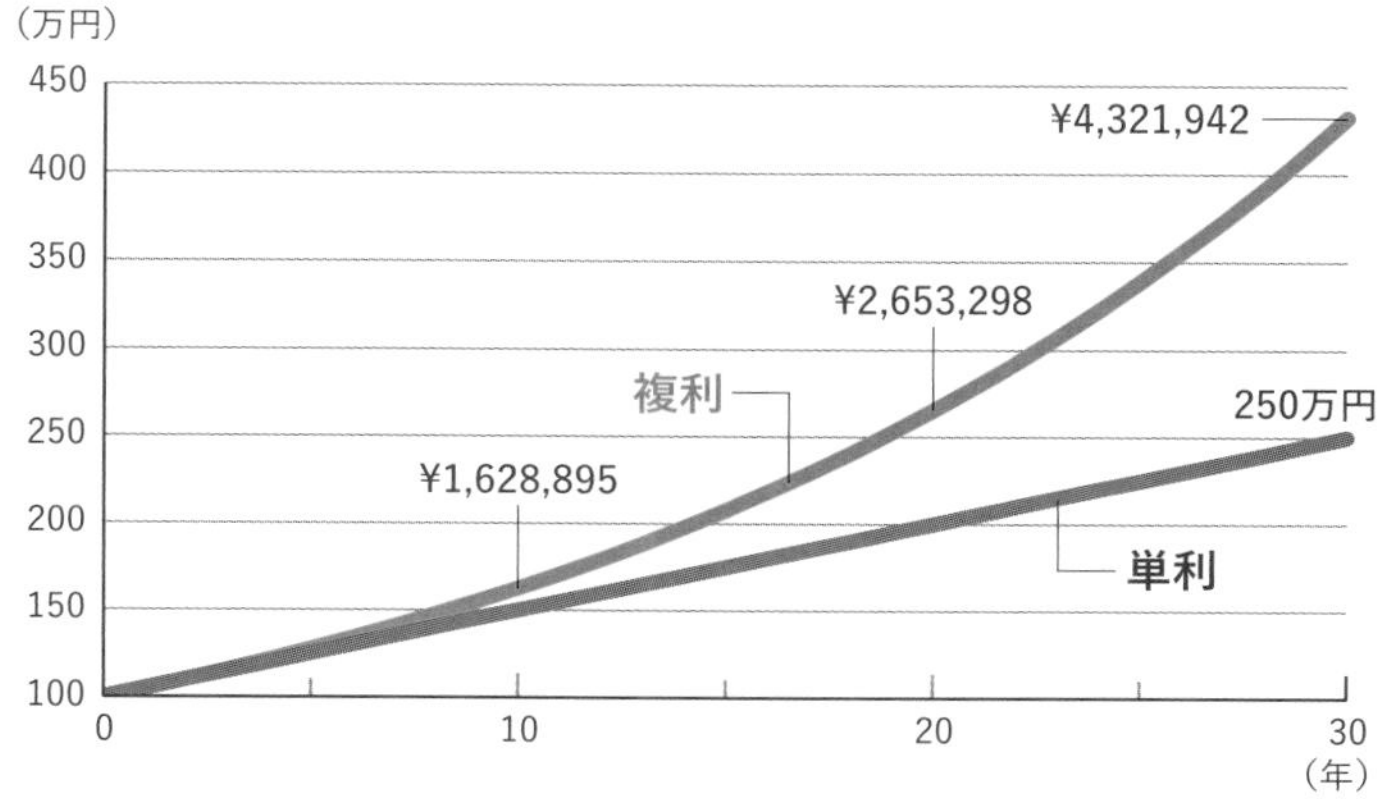

# 5 投資は1つの資産に集中させない

投資の三大原則② 分散投資

投資対象は1つの資産に集中させず、複数の資産に分散させるのが基本です。

## ◎なぜ分散投資が必要なのか

資金を1つの投資に集中させてしまえば、その分リスクは高くなります。うまくいって値上がりしたときの利益は大きくなりますが、失敗して値下がりしたときの損失も大きくなります。

「卵は1つの籠に盛らない」という言葉が投資ではよくいわれますが、1つの籠に卵を全部盛ってしまえば、その籠が落ちてしまったときは全ての卵が割れてしまいます。それを避けるため、卵をいくつかの籠に分けて盛っておく。それと同じイメージです。

さて、分散投資のしかたにもいくつかの種類があります。それは**資産の分散**、**地域の分散**、**時間の分散**の3つです。

## 分散投資のイメージ

● 卵を1つのカゴに入れておくと、
カゴが落ちれば卵が全部割れてしまう

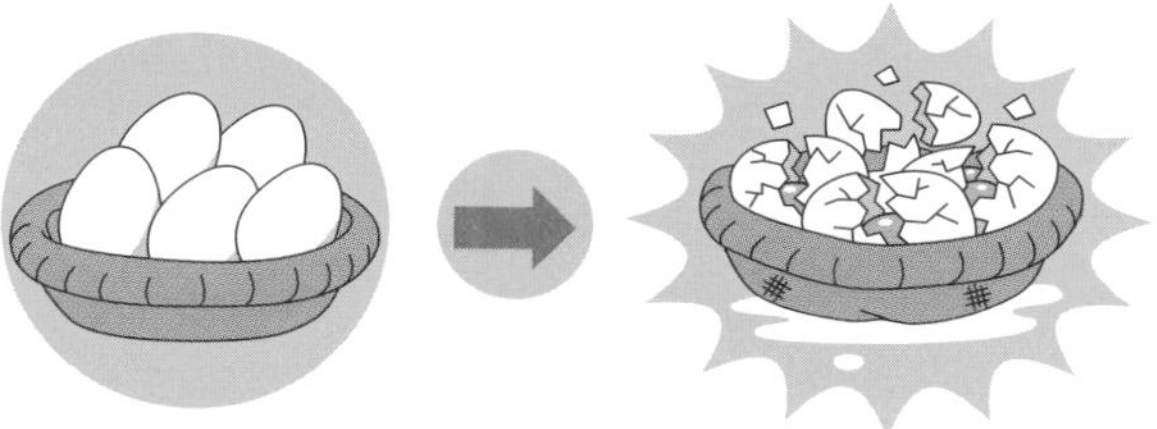

● 卵を1つずつ分けて入れておくと、
1つを落としても他の2つは大丈夫

投資も同じ。**複数の資産に分散**することが肝要

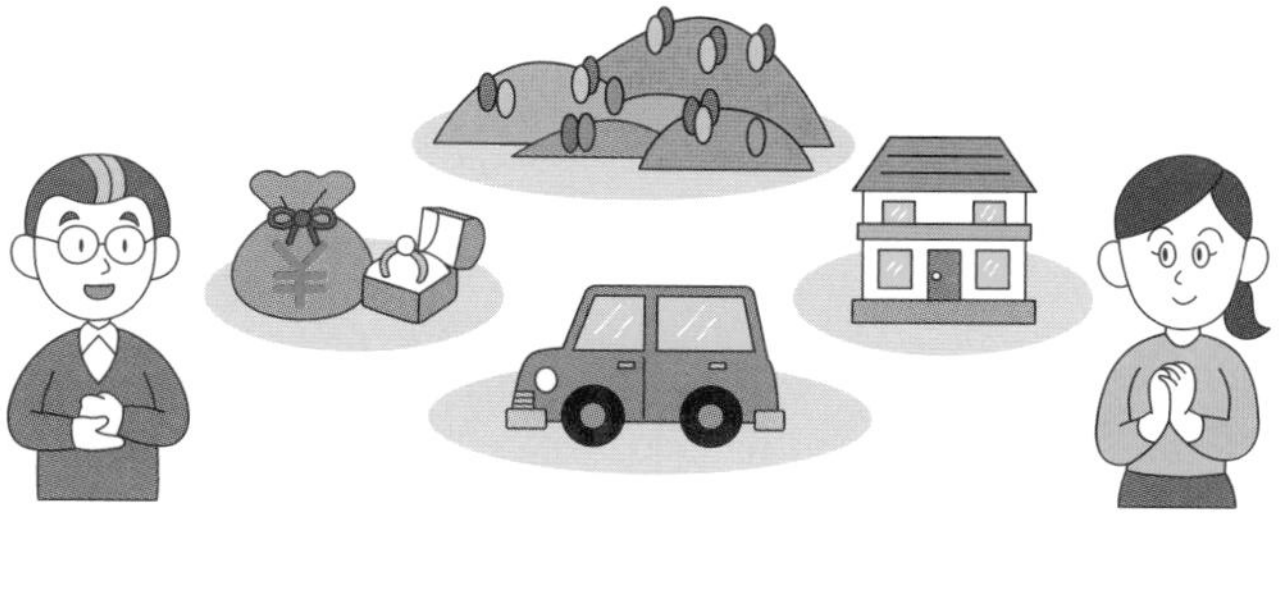

## 分散投資の効果イメージ

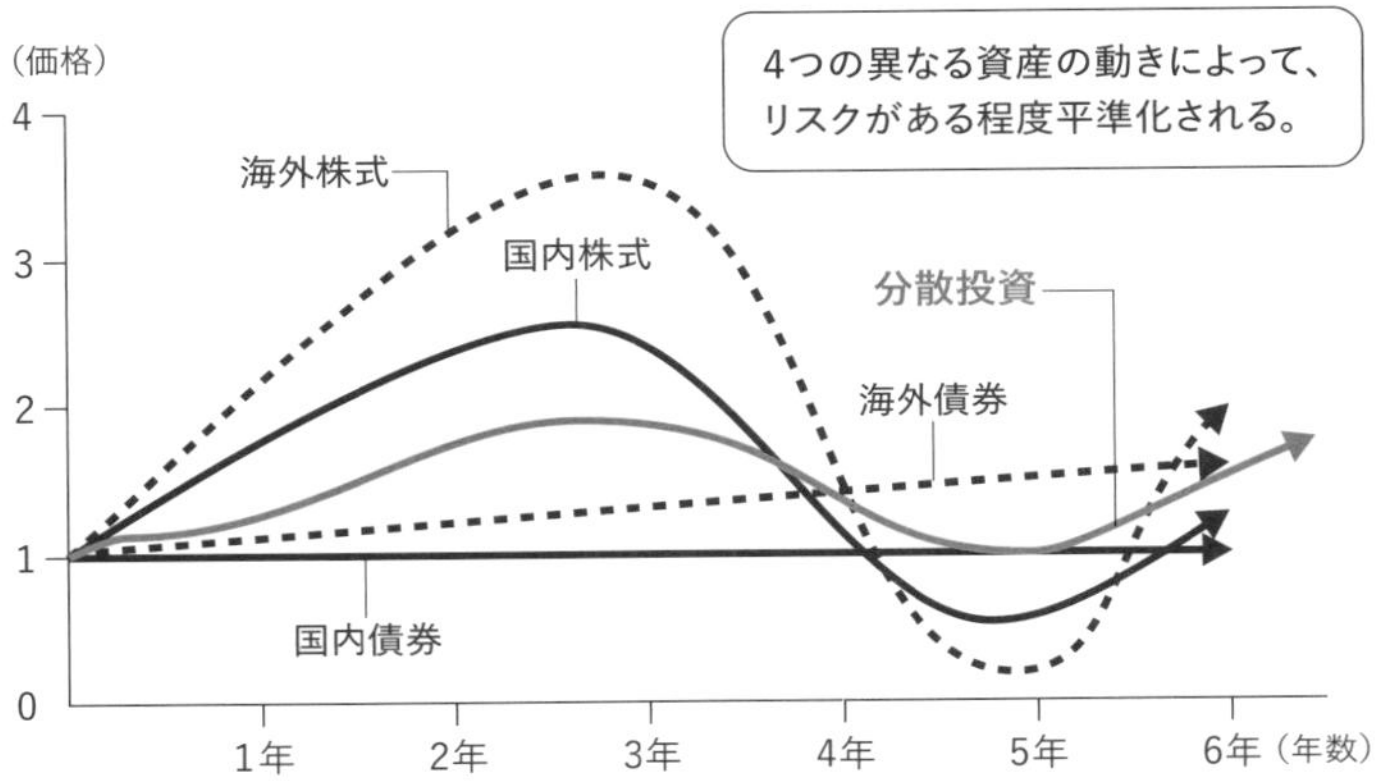


## ◎各分散のしかた

**資産の分散とは、投資対象を特徴の異なる複数の資産に分散する**ことです。

例えば、株式に加え先進国の国債などの安全性の高い債券や投資信託、あるいは金(GOLD)にも投資をするといったイメージです。

金融商品にはそれぞれ特徴があることを説明しましたが、どういうときに価格が上がるか、下がるかも異なっているということです。

ですから、複数の資産に分散して投資しておけば資産Aが下がっているときに資産Bは上がったり、資産Cはほぼ変動しないというように、**資産全体の急激な価格変動**

**分散投資の3つの方法**

- **時間の分散**
  - 定口積立
  - 定額積立
- **資産の分散**
  - 国内株式
  - 国内債券
  - 海外株式
  - 海外債券
  - 国内REIT
  - 海外REIT
  - 金(Gold)
  - コモディティ
  - ⋮
- **地域の分散**
  - 日本
  - アメリカ
  - イギリス
  - ユーロ圏
  - 豪州
  - 中国
  - トルコ
  - 新興国
  - ⋮

**のブレ（リスク）をある程度抑える**ことができます。

**地域の分散とは、投資する地域を分散すること**です。例えば、日本だけでなくアメリカやユーロ圏といった欧米先進諸国や中国、韓国、そして成長著しいアジアやアフリカなどの新興国にも投資をする、といったイメージです。

**時間の分散とは、一度に投資するのではなく、投資するタイミングを分散すること**です。例えば、投資信託を１００万円分買うにしても、一度に１００万円全部で買わずに、買う日をずらして20万円ずつ5回に分けて買う、というイメージです。その代表的な方法が次の積立投資になります。

6

投資の三大原則③　積立投資

# 定額積立で購入タイミングを分散する

積立投資は前述した時間の分散を行い、投資するタイミングを分散させることです。中でも**毎月など一定のタイミングで一定の金額を買付していく**投資法が一般的で、「**ドルコスト平均法**」とも呼ばれています。

この投資法の優れたメリットは、次の3点になります。

## ◎少額からでも投資できる

大きな金額を一括で投資する場合は、ある程度の資産を保有している必要があります。しかし、毎月の積立であれば、家計の黒字をキープした上で出せる範囲内で投資することが可能です。

ですから、若者層など投資に回す資産余力がない方々や、相場下落局面ですぐに利益を出すのが難しい場合でもあまり気にせずに購入できるため、無理なく自分のできる範囲内で投資をすることができます。

## ◎買付のタイミングに悩まなくてよい

積立投資では、毎月一定の時期に購入するように設定するので、いつ買付するかそもそも判断する余地がありません。現在のような値動きの荒い相場では、いつ購入するか判断するのは特に難しいです。

投資に詳しい人でない限り買付のタイミングを考えるのは、非常にストレスになるでしょう。そのストレスや手間から解放される点も大きな利点です。

## ◎相場が悪くてもやがては利益に変えられる

メリットの3つ目は、相場下落局面を利益に変えることができる点です。これが相場下落局面で積立投資をする最大のメリットです。

まず、次のページの図をご覧下さい。図は相場下落局面で、ある投資信託を毎年1万円で1年間積み立てた場合のシミュレーションです。1年後に価格は半減しているので、年初に12万円で一括購入していれば、資産は半減していたことになります。

最初に投資信託を購入した1月時点の単価が1口10円だった場合、1万円で1000口購入できます。一方、最も値が下がって1口2円になった9月時点では、同じ1万円

## ドルコスト平均法の例

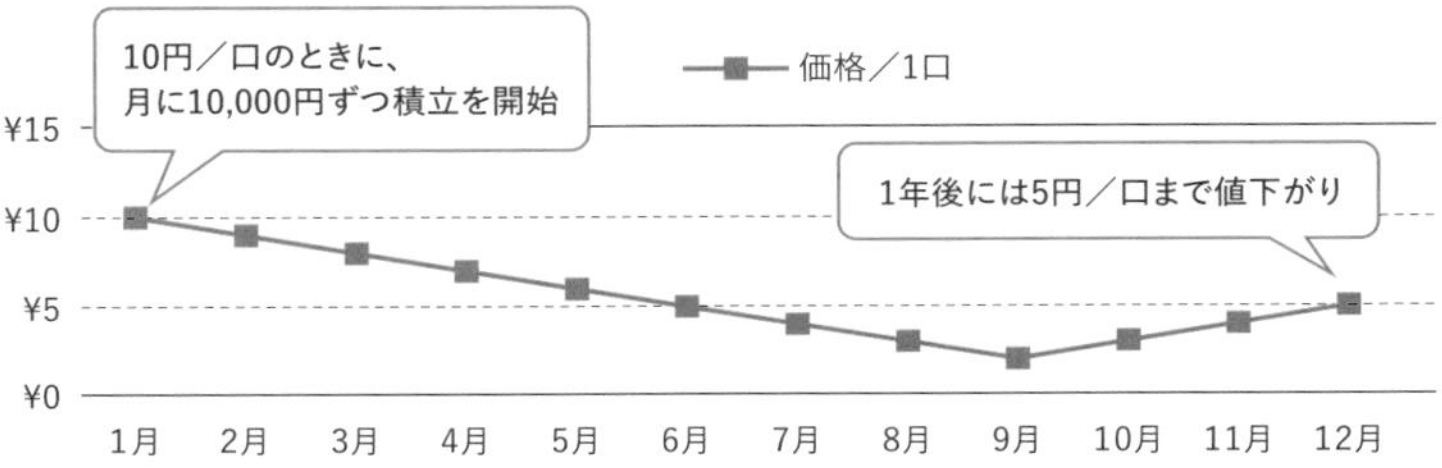


| | 1月 | 2月 | 3月 | 4月 | 5月 | 6月 | 7月 | 8月 | 9月 | 10月 | 11月 | 12月 | 合計 |
|---|---|---|---|---|---|---|---|---|---|---|---|---|---|
| 購入価格 | ¥10,000 | ¥10,000 | ¥10,000 | ¥10,000 | ¥10,000 | ¥10,000 | ¥10,000 | ¥10,000 | ¥10,000 | ¥10,000 | ¥10,000 | ¥10,000 | ¥120,000 |
| 価格/1口 | ¥10 | ¥9 | ¥8 | ¥7 | ¥6 | ¥5 | ¥4 | ¥3 | ¥2 | ¥3 | ¥4 | ¥5 | |
| 購入個数 | 1,000口 | 1,111口 | 1,250口 | 1,429口 | 1,667口 | 2,000口 | 2,500口 | 3,333口 | 5,000口 | 3,333口 | 2,500口 | 2,000口 | 27,123口 |

**〔12月末時点の投資信託の価額〕**

5円/口×27,123口（総投資口数）＝135,615円

**〔12月末時点の投資総額〕**

10,000円/月×12ヶ月＝120,000円

**損益：135,615円－120,000円＝15,615円（利益）**

（出所）金融庁HP「投資の基本」より抜粋

で5000口購入できることになります。

1年間経った時点での投資総額は、1万円（月）×12カ月ですので、12万円、購入した投資信託の総口数は2万7123口になっています。

そして損益は、

**13万5615円－12万円＝1万5615円（利益）**となっています。（金融庁HP「投資の基本」より）

これを見て不思議に思われる方もいらっしゃるかもしれません。図を見ると、1年後には1口5円に価格が下がっています。

もし1月に12万円全部購入していれば、1年後には資産がほぼ半減したはずです。しかし、毎月1万円ずつ買った場合には、トータルでは利益が出ています。これは図の9月のように、**価格が下がったときにはたくさんの口数を買えている**からです。

そのたくさん買った口数は、**資産の価格の上昇局面で大きな利益となって返ってくる**のです。

POINT

- 定時定額積立は、平均購入単価を下げる効果がある。
- 安いときに多く購入した資産は、値上がりしたときの利益となる。

## COLUMN 金融商品の主なリスク

| 種　類 | 内　容 |
|---|---|
| 株価（価格）変動リスク | 株（株式）の価格が上下する可能性のこと。<br>株価（株式の価格）の変動は、日本はもちろん、世界各国の景気や経済の動向、政治や経済の情勢のほか、株式を発行している企業の業績など、さまざまな要因によって起こる。 |
| 信用リスク（デフォルト・リスク） | 株式や国債・債券などを発行している国や企業が、財政難や経営不振などを理由に投資家から預かっていたお金（元本）や利息の一部または全部を返済する能力がなくなる可能性のこと。 |
| 流動性リスク | 市場（マーケット）で金融商品を売りたいときに売ることができなかったり、希望する価格で売れなかったりする可能性のこと。 |
| 金利変動リスク | 金利の変動によって、債券の市場価格が変動する可能性のこと。<br>金利が上昇すると、債券価格は下落し、金利が低下すると、債券価格は上昇する。 |
| 為替変動リスク | 異なる通貨の為替相場の動きにより、外貨建ての円換算による金融商品の価値が変動する可能性のこと。<br>例えば、ドル建てで金融商品を持っている場合、為替相場が円高・ドル安に動いたときには、日本円で見たとき外国証券の価値が減少することになる。このドル建てで持っている金融商品の価格が、将来の円高・ドル安によって価格が減少する可能性のことを、「為替変動リスク」と呼んでいる。 |

（出所）金融庁HPより抜粋

# 第3章

# 学びの投資を実践する

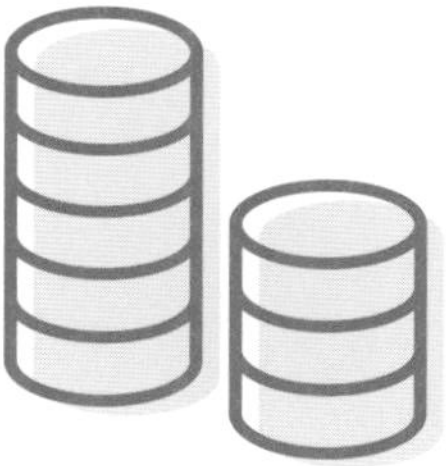

## 1 学びの投資とはどんなもの

わずが100円からでもリアルな投資が可能になった

「学びの投資」は前述した通り、本格的に投資を始める前の「練習としての投資」を指します。

この投資で目指すことは、まず**投資の知識と経験を増やす**ことです。まだ資産を増やす段階ではありません。投資の知識は実際に体験しないと身につかないことがあると話をしましたが、その体験を得ることが最優先課題です。

ですから、学びの投資では行動が第一で、利益を出そうとして慎重に考えすぎないでください。結果的に投資の成績が芳しくなかったとしても、それはそれで経験値を得られます。

### ◎学びの投資の3タイプ

学びの投資には次の3つの方法があります。いずれもメリットとデメリットの両方があるので、それぞれを比較しながら理解するとよいでしょう。

・少額投資
・ポイント投資
・バーチャル投資

## ◎少額投資の概要

実際に証券口座を開設して100円、500円というようにごく少額から投資を始めるものです。

かつては証券口座を開設して投資をしようと思ったら、10～30万円というように一度にある程度まとまったお金が必要でした。最近では新しい顧客を増やしたい証券会社の思惑もあり、以前では考えられないような少額から投資が可能になってきています。

実際のメリットとしては、ごく少額からリアルな金融商品の投資ができることです。

その反面デメリットとしては、たとえ少額でも証券口座を開設しないといけないこと、少額とはいえ投資に失敗すればお金が減ることなどです。

具体的には、例えば楽天証券では投資信託をわずか100円から購入でき、ポイントも利用できます。SBI証券も投資信託は100円から購入でき、ポイントも利用できます。また株式は、1株（単元未満株）から購入できます。

## 少額から投資できる証券会社の例

●楽天証券（https://www.rakuten-sec.co.jp/）

●SBI証券（https://www.sbisec.co.jp/）

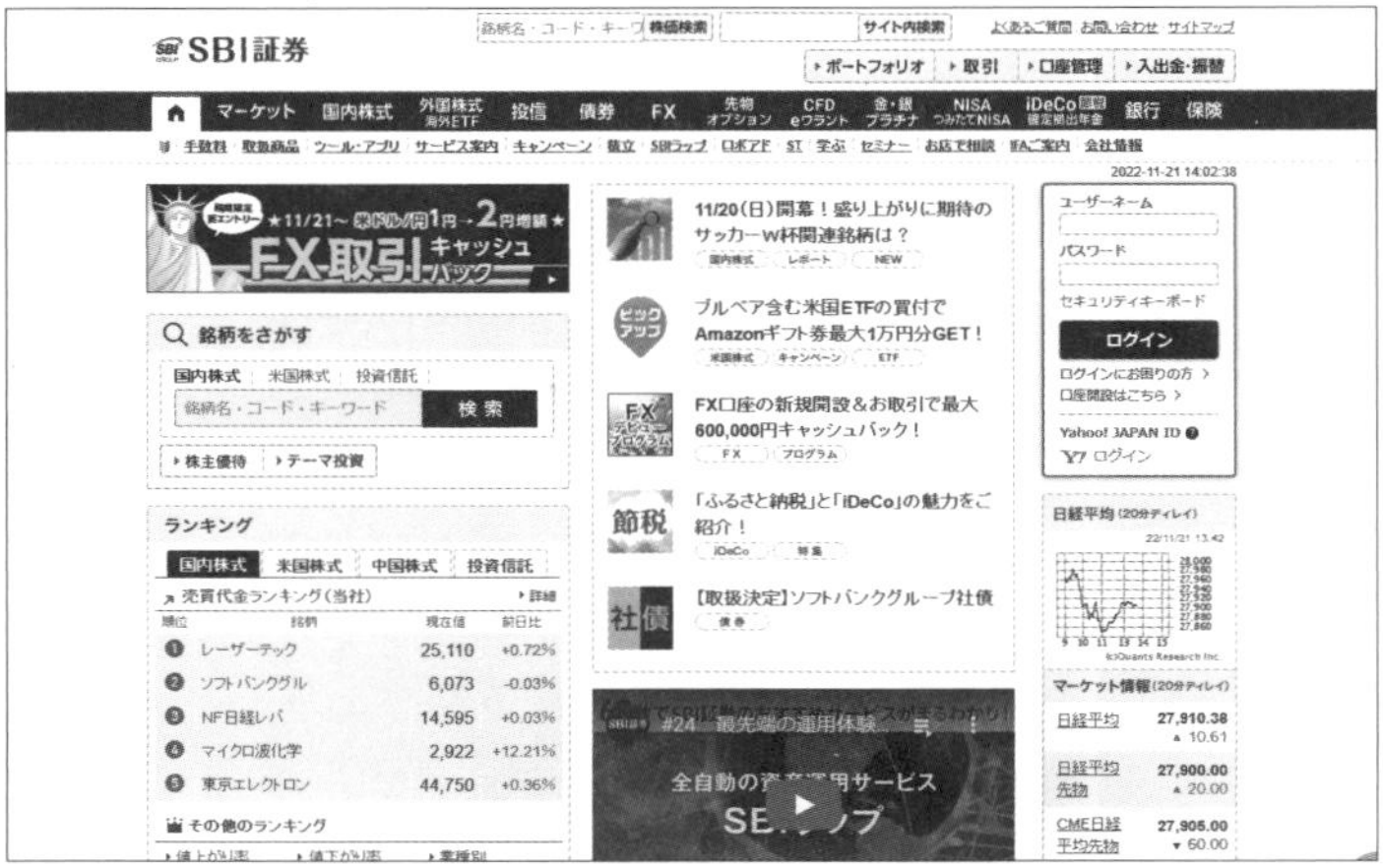

**ポイント投資のできる主要ポイント例**

| タイプ | サービス例（提供会社） |
|---|---|
| ネット系 | ・楽天ポイント（楽天グループ）<br>・LINEポイント（LINE Pay） |
| 通信会社系 | ・dポイント（NTTドコモ） |
| クレジットカード会社系 | ・永久不滅ポイント（クレディセゾン）<br>・エポスポイント（エポスカード） |
| その他 | ・Tポイント（カルチュア・コンビニエンス・クラブ）<br>・Ponta（ロイヤリティマーケティング） |

## ◎ポイント投資の概要

ポイント投資は、日常生活の中で身近にある様々な「**ポイント**」を使って投資ができるサービスです。

これらのサービスは、金融機関に加え、従来は金融関係の事業を行っていなかった企業も提供しており、内容は多種多様です。ポイントの付与は提供元企業だけでなく、多数の企業や小売店などが提携会社として参加していますので、普段の買い物や飲食などで貯まっていきます。

例えば、ネット系として、楽天グループの楽天ポイント、ＬＩＮＥ ＰａｙのＬＩＮＥポイント、通信会社系でＮＴＴドコモのｄポイント、クレジットカード会社系のクレディセゾンの永久不滅ポイント、エポスカードのエポスポイント、その他にもＴポイントやPontaなどがあります。

証券口座の最低投資単位が下がっているとはいえ、証券会社自体は銀行と違ってまだまだ一般の人にとってはなじみが薄い存在だといえます。投資に興味はあってもいざ始めるとなると、こわいと感じる方でも、無理なく始められるサービスが求められたというのが、ポイント投資のサービスが生まれた背景にあります。

また、企業にとっても、自社グループのサービスをより広く使ってもらうため、ポイントサービスに参加するのが有効ということも、理由として挙げられます。

実際に利用するメリットとしては、ユーザーインターフェースが投資初心者向けにわかりやすく、余計な機能がないこと、比較的選べる商品が限定されていること、ポイントだけで投資した場合なら失敗しても現金が減らないこと、などが挙げられます。

その反面デメリットとしては、種類が多すぎて選ぶのが大変なこと、場合によっては少額投資と同様に証券口座を開設しなくてはいけない場合もあることです。

## ●2つのポイント投資

ポイント投資には大きく2つあります。①はポイントそのものを運用するタイプ、②はポイントを現金や現金相当のポイントに変換して、本物の金融商品に投資するタイプ

## 主なポイント投資の種類と具体例

| ポイント | サービス（提供会社） |
|---|---|
| 楽天ポイント | ①ポイント運用（楽天証券）<br>②ポイント投資（楽天証券） |
| Tポイント | ②Tポイント投資（SBI証券） |
| dポイント | ①dポイント投資（NTTドコモ）<br>②日興フロッギー（SMBC日興証券） |
| LINEポイント | ②LINEポイント投資（LINE証券） |
| エポスポイント | ①ポイント投資体験（エポスカード）<br>②ポイント投資（tumiki証券） |
| 永久不滅ポイント | ①ポイント運用サービス（クレディセゾン） |
| Ponta | ②ポイント投資（SBI証券）<br>②ポイント投資（auカブコム証券） |

※一部会員限定など条件のある場合があります。詳細は各社サイトをご参照下さい。

になります（上表）が、提供会社によって取り扱いが異なる場合があります。

ポイントそのものを運用する場合は、「お金」を運用しているわけではないので、大きな利益にならない限り税金はかかりません。

しかし、ポイントを現金化したポイント投資は、本物の投資になるので利益に対しては税金がかかる違いはあります。ただ、いずれも少額投資になるケースが大半なので、実際には大きな違いは生じないでしょう。

## ◎バーチャル投資の概要

バーチャル投資とは、株式投資のシミュレーションアプリなどを使うといった**バーチャルなデモ取引**のことです。

有名なものとしては、**トレダビ**（https://

## 学びの投資の種類とまとめ

| 内容 | 利用のしかた | メリット | デメリット |
|---|---|---|---|
| 少額投資 | 証券口座を開設 | 少額でリアルな金融商品に投資できる | ・証券口座の開設が必要<br>・失敗したらお金が減る |
| ポイント投資 | 証券口座を開設する場合とポイント投資のサイトにログインする場合の２つがある | ・投資初心者向けでわかりやすい設計<br>・商品が限定的で選びやすい<br>・現金が減らない | ・多くの会社がサービスを提供していて種類が多すぎる<br>・しくみが会社によってバラバラ |
| バーチャル投資 | ・スマートフォンアプリなどを使用<br>・株式のデモ取引が多い | 現金もポイントも減らずノーリスク | ・一部利用料金が有料の場合がある<br>・人によっては投資をしている実感が湧きにくい |

finatext.com/）があります。トレダビは上場株式のリアルなデータを使ったデモトレードなので、本番さながらの臨場感があります。私も一時期よく利用していました。その他にも、iトレ2、株たす、トウシカ、株式投資とれーにんぐなどが知られています。

実際に利用するメリットとしては、デモ取引なので、現金もポイントも実際に減ることさえない**ノーリスク**だということです。

その反面デメリットとしては、基本料金は無料が多いが一部有料アイテムのアプリもある、失敗してもノーリスクなデモ取引なので人によっては真剣に取り組めない、実際の投資のイメージが湧きにくい、といったことがあります。

## 2

### 後で「振り返り」ができるようお金の日記をつけておく

# マネーダイアリーをつける

前節のいずれかの方法で練習の投資を始めたとしても、投資をする前後にはマネーダイアリーを必ずつけてください。学びの投資は、このマネーダイアリーをつけることに大きな意味があります。

## ◎マネーダイアリーとは？

これは一言でいえば**お金の日記**です。皆さんの中には、日々の振り返りや記録、あるいは趣味で日記をつけている方もおられるかもしれません。それと同じように、お金の面での日々の振り返りをするのが、マネーダイアリーです。

「それって家計簿のことじゃないの？」と思われるかもしれませんが、家計簿とは違います。

家計簿はお金の入出金の記録をメモしますが、マネーダイアリーはそれに加えて感じたこと、考えたことも書きます。日記という側面を持つので、お金を使ったとき、今回でいえば、投資をしたとき、投資をした後に感じたこと、考えたことを振り返って書くという点において、家計簿よりも一歩踏み込んだものです。

### ●なぜマネーダイアリーをつけるのか？

マネーダイアリーをつける理由としては、振り返りをすることで、投資のリテラシーを向上させることができるからです。また、投資の自分の傾向や**どれくらいのリスクなら許容できるか**も把握することができます。

今やっている投資は「練習の投資」です。練習を効果的に行うには振り返りが大切です。試験で思ったような点数を取れなかったら、何が悪かったのか振り返った方が次につながります。スポーツでも、もっとうまくなるにはどんな練習をしたらいいかを考えることで上達していきます。これらと同じです。

家計簿よりも書くのが大変そうと思われるかもしれませんが、書いてみるととてもシンプルで簡単です。一例を挙げると左のような形です。

## ◎具体的な銘柄を買うときにメモすること

まず必要な項目は、買う金融商品、買う理由、買うときの気持ちです。

## マネーダイアリーの記入欄の例

| 項　　目 | 記入欄 |
|---|---|
| 買う商品 | 個別株式（資生堂） |
| 買いたい理由 | 自分の好きなコスメを作っている会社だから。 |
| 買う前の気持ち | 買ってすぐに下がったらイヤだな…。 |
| 価格の予想<br>（+○○～-□□など） | 買った金額の<br>+30%から−30%くらい |
| 実際の価格<br>（+○○～-□□など） | 1か月持っていて<br>+10～−10% |
| 買った後の気持ち | 下がったときはちょっとドキドキした！ |
| 気づき | 想像していたほどは下がらなかった。金額が小さければ多少下がっても耐えられそう。 |
| これからやってみること | 他の化粧品メーカーの株価の動きも見てみる。よさそうだなと思ったらそれも少額で買ってみる。 |

ここは練習を目的とした投資なので、買う理由は何でもかまいません。

後から振り返るときの参考として、理由を書く必要があるというだけです。「自分の好きな会社だから」、「最近ＣＭでよく見かける会社だから」くらいでも十分です。

そして、買うときの気持ちも同じようにメモします。買う理由は理性の部分で、買うときの気持ちは感性の部分なので、理由とは別途項目を設けるといいでしょう。

**行動経済学**によれば、投資で利益が出ているときは、もっと上がる可能性よりも今ある利益を確保することを重視しがちです。反対に損失が出ているときは、さらに損失が拡大する可能性を考えるよりも、これから上がる可能性を評価しがちです。

投資で大きな損を出すときは、損失が出始めたタイミングで売却（**損切り**）できずにずるずると損失が拡大するということが多々あります。こういった心理も行動経済学から説明することができます。

このように、投資で人は合理的に行動するのかというと、必ずしもそうではありませんから、**投資における感情面にも注目しメモすることも重要**です。

さらに、買った後にどれくらい価格が上下するかの予想も書いてみるといいでしょう。これを書くことで、投資のリスクを自分がどう見ていたかの振り返りができます。

投資にリスクがあるというのは、もうわかっている方が大半でしょう。ただ、そのリスクは自分の身をもって体感することが必要不可欠です。

事前にどれだけリスクがあると考え、その後実際にどうだったのかを比較してみることで、自分が投資のリスクを過大評価しすぎなのか、過小評価しすぎなのか、自分自身の傾向を把握することができるでしょう。

## ◎買った後にメモすること

実際に買った後は、気づきと投資した後にどんな気持ちになったかをメモしましょう。これも理性と感性の両面での振り返りという点で大事です。

気づきには、自分の投資のよかった点、悪かった点を書くのはもちろんのこと、投資を始めて経済ニュースに興味を持ったとした場合に、その学びをメモしてみてもいいでしょう。マネーダイアリーはお金の日記なので、投資をした後に気づいたこと、学んだことをどんどんメモしていきましょう。

また、投資では価格が上下するのと同時に、気持ちも揺れ動きます。そのときの感情についても振り返って、ありのままの気持ちをメモしてみましょう。投資のリスクを体感して、その学びをより客観的に把握することで投資のリスクに立ち向かいやすくなります。

そして、買った後にどれくらい価格が上下するかの予想に対して、実際にどうだったのかも書いてみるといいでしょう。自分が投資のリスクをどのように判断していたか、数字に落とすことでより客観的に把握することができます。

タイプ別診断 3

# 学びの投資でどれを選ぶ？

学びの投資は、この3つのうちどれから始めるのがよいでしょうか？

この点、「とにかく現金もポイントも減らすのは絶対にイヤ」という方は、**バーチャル投資**から入るとよいでしょう。少額だったら投資に失敗して損をしてもいいということであれば、ネット証券等で通常の証券口座を開設して**少額投資**から入るのも手です。

買い物でよく利用するポイントがあるという方は、**ポイント投資**から始めると投資のスタートが切りやすいでしょう。

## ◎私がお勧めする投資法

次の図の選び方を目安にして、どれで始めていただいても練習の投資にはなります。それでも、何を選ぶか悩むので具体的にどれを使うか教えて欲しい、という方もおられるかと思います。

そういう場合に私がお勧めするサービスは、まずはポイント投資です。

## 学びの投資はどれから始める?

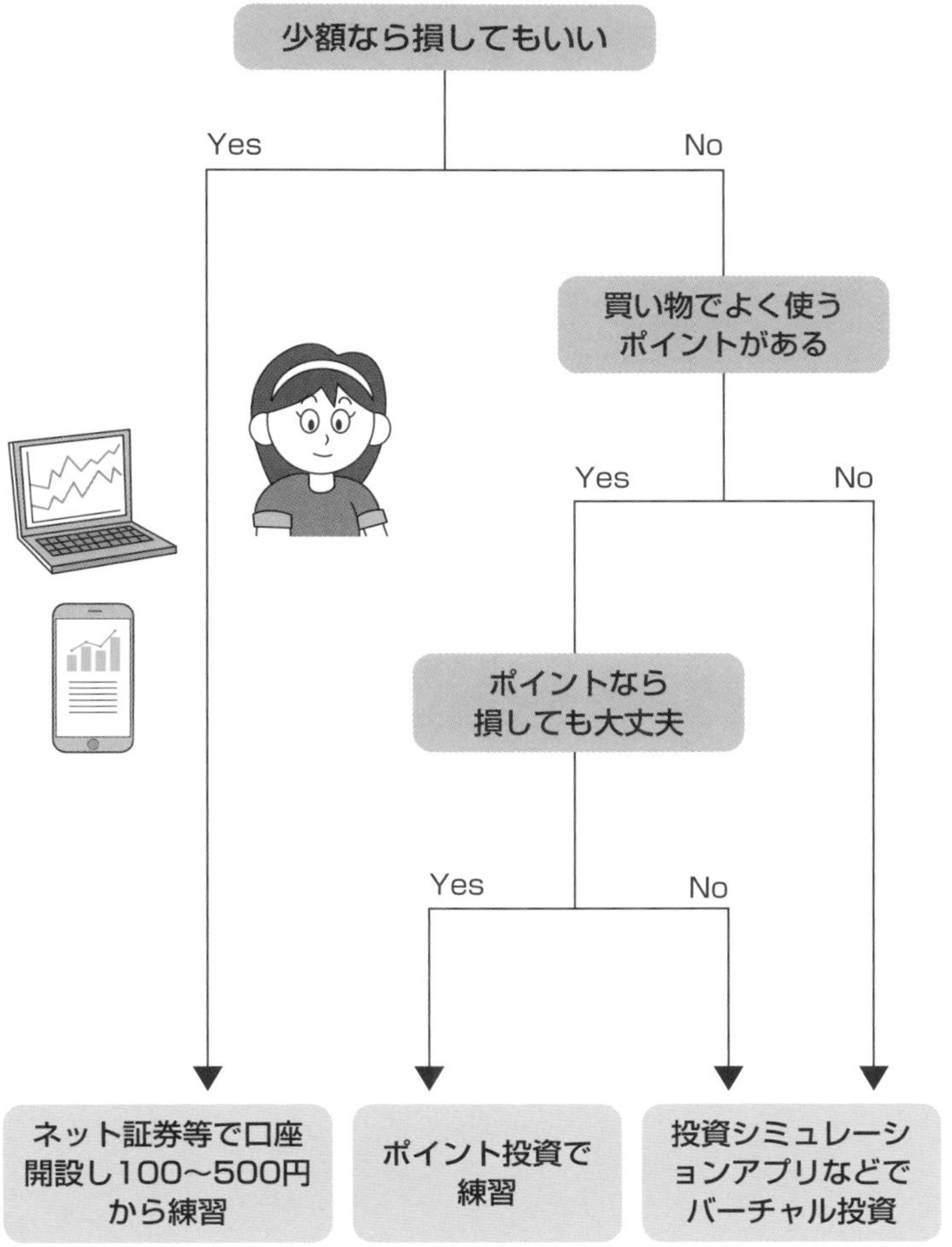

## 手軽にポイント投資で株も買える2社

日興フロッギー

auカブコム証券

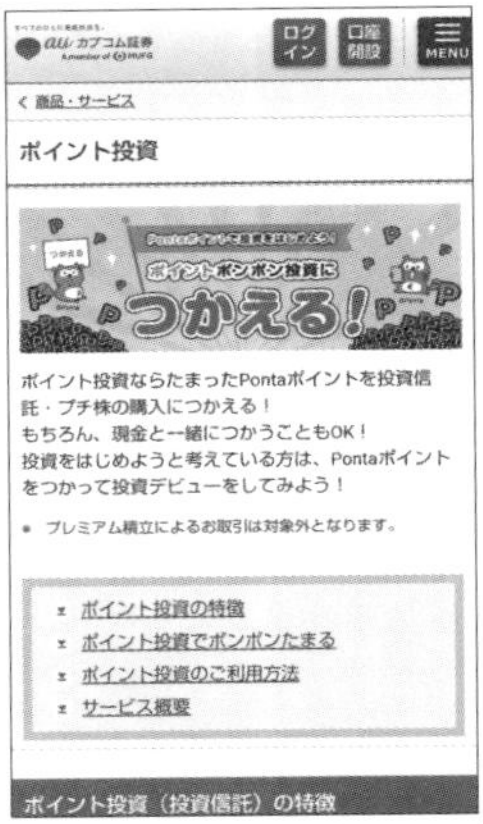


（出所）auカブコム証券（https://kabu.com/sp/）

まずはポイント投資から始めたい方に、ポイントで株も買えるauカブコム証券と日興フロッギーのポイント投資をご紹介したいと思います。

**auカブコム証券**は、豊富な取扱い商品をそろえているネット証券の大手です。「Pontaポイント」を利用して投資信託が少額からでも買えますし、株も1株（プチ株）から購入できます。持っている投資信託の月間平均保有額に応じてポイントが貯まっていきます。

**日興フロッギー**は、SMBC日興証券が提供する、情報メディアと取引機能が一体化した投資サービスです。

記事を読んで学びながら銘柄を選んで

## 記事から関連する銘柄が検索できる

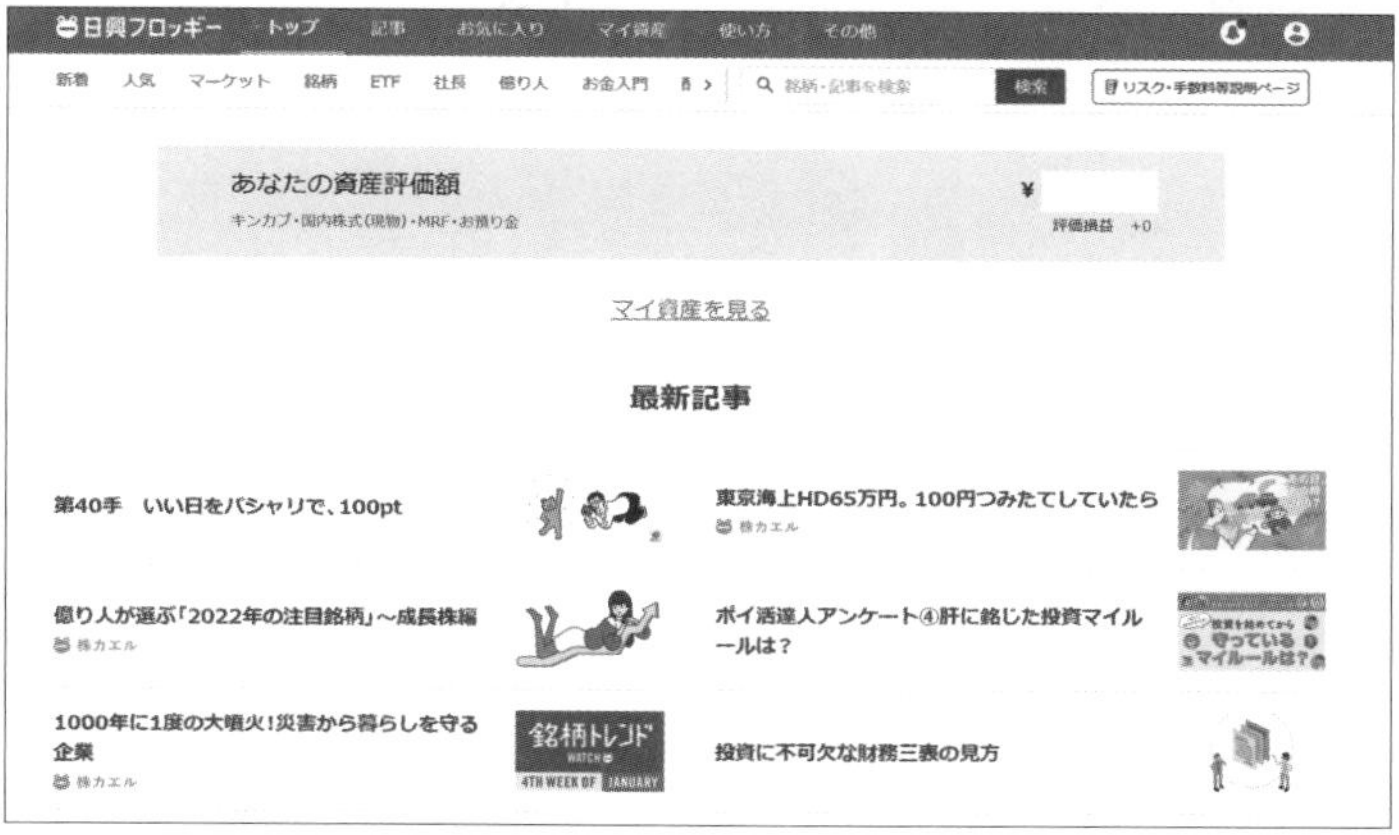


投資ができ、現金に加え「dポイント」を利用した投資ができます。

ちなみに、日興フロッギーの画面を紹介すると、上図（PCサイトの例）になります。

一番の特徴は「記事」が見られることです。記事では、投資初心者でもわかりやすく興味の沸くコンテンツが非常に多く取り上げられています。

例えば、投資の先人の投資への着眼点、時事問題や投資のキーワードの解説、最近のマーケットのわかりやすい解説、最近のトレンドに関連する株式の銘柄の紹介（私が見たときはＴＶアニメの「呪術廻戦」に関連した銘柄が紹介されていました）などです。

取引の機能だけでなく、投資の初心者が投資知識を増やして成長できることも意識した構成となっており、こちらも初心者目線で作られているサービスだといえます。

**●ポイントで株式も購入できる**

ポイントで購入できる商品には株式（単元未満株）もあり、**両社とも選べる銘柄も豊富でａｕカブコム証券は１株から、日興フロッギーは１００ポイント（１００円）から購入できます（両社ともに１ポイント１円換算）**。

ポイント投資では投資信託なども購入できますが、投資信託は前述の通りパッケージ商品なので、商品によっては中身にいろいろな投資対象や銘柄が入っています。リスク分散には適しているのですが、何の要因で価格が上がるか下がるかをチェックしづらい面があります。勉強する段階の「学びの投資」では、何の要因で価格が上がったか、下がったかのチェックがしやすい個別株式の購入がベストで

す。

また、自分が何に投資をしているかわかりやすいので、実感が持ちやすいですし、価格の大きな動きを体験して、投資のリスクを体感するという意味でも適しています。

## ●ポイントだけでなく現金も使える

ポイント投資のサービスの中には、ポイントを持っていないと投資ができないサービスもあります。該当のポイントをお買い物等で得る機会の少ない人にとっては、逆に投資を始めにくいという面もあります。

しかし、両社のサービスであればポイントを利用できるのはもちろんのこと、現金とポイントの併用も可能です。ですから、Ｐｏｎｔａポイントもｄポイントも普段の買い物であまり手に入れる機会のない方でも、利用できます。

次節から、学びの投資の3タイプについて、それぞれ具体的なスタートのしかたを解説します。

4

学びの投資① 少額投資

# 100円や1株といった少額から投資を始める

少額投資から始める場合は、通常の証券口座を開設する形になりますので、以下の流れになります。

## ◎少額投資の流れ

少額投資の始め方は、104ページの「dポイントで株を買う流れ」とほぼ同じですので、そちらを参照してください。

前述の通り、「学びの投資」では株式を買うのをお勧めしますが、豊富な株式に少額から投資できるのはSBI証券やauカブコム証券、日興フロッギーです。他にこだわりがなければこのあたりの会社で始めるのもいいでしょう。

### ●SBI証券は投資信託が100円から、株は1株から買える

SBI証券なら投資信託が100円以上1円単位の少額から買付できます。

またポイントは、Tポイント、Pontaポイント、dポイント、JALのマイルから1つ

## SBI証券のスマホ用サイト

・100円から投資信託が買付できる
・１株から株が買える
・ポイントサービスは、Tポイント、Pontaポイント、dポイント、JALのマイルのうち１つを選んでメインポイントに設定する
・三井住友カード利用者にはVポイントサービスというものもある

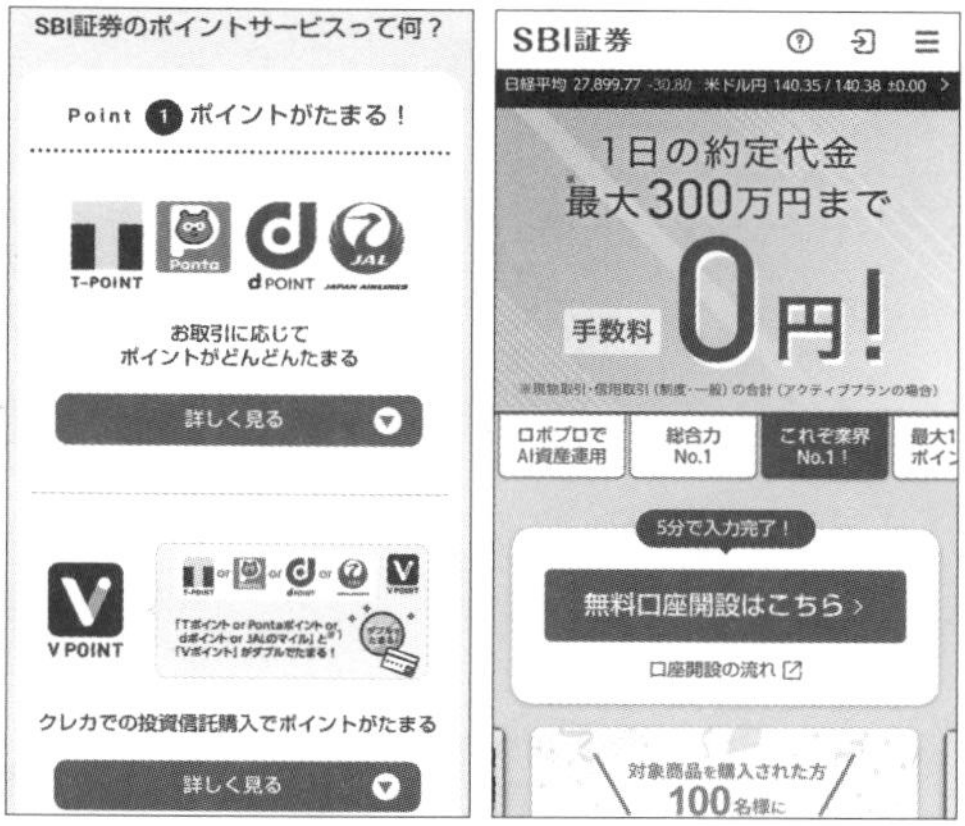


（出所）SBI証券（https://sp.sbisec.co.jp/）

を選びメインポイントに設定すると、株式や投資信託の購入などでポイントが貯まっていきます。

TポイントまたはPontaポイントを投資信託の購入代金に使うことができます（1ポイント1円相当）。

個別株式は、単元未満株でも「**S株**」を利用すれば1株から購入できます。1株なら数百円といった少額から買えて、買いの手数料は無料です（売りは0・5%）。詳しくは同社サイトをご覧ください。

ネット証券大手で取扱金融商品も大変豊富なので、本格的な投資に移る際にもスムースに移行できるでしょう。

5

学びの投資② ポイント投資

# ポイントそのものを運用する

ポイント投資は前述の通り、多種多様なものがあります。大きく分ければ、①ポイントそのものを運用するタイプ、②ポイントを現金ないし現金相当のポイントに変換してリアルな金融商品を買うタイプの2つがあります。

この2つのタイプのどちらもできる**dポイント**の投資を紹介します。

## ◎dポイントそのものを運用するポイント投資

dポイントは、携帯電話サービスで国内最大手の株式会社**NTTドコモ**が提供するサービスです。**dアカウント**を利用したスマートフォンの利用代金や公共料金の支払いのほか、ローソンやファミリーマート、マクドナルドやガストといった飲食店、ガソリンスタンドのENEOSなど、多くの特約店や加盟店などでの買い物などで、dポイントがたまります。またお支払いにも使えます。NTTドコモ以外のユーザーでも、dアカウントを作成すれば利用でき、dアカウントはドコモユーザーでなくとも、無料で作成

## ポイント投資を始める

①

②

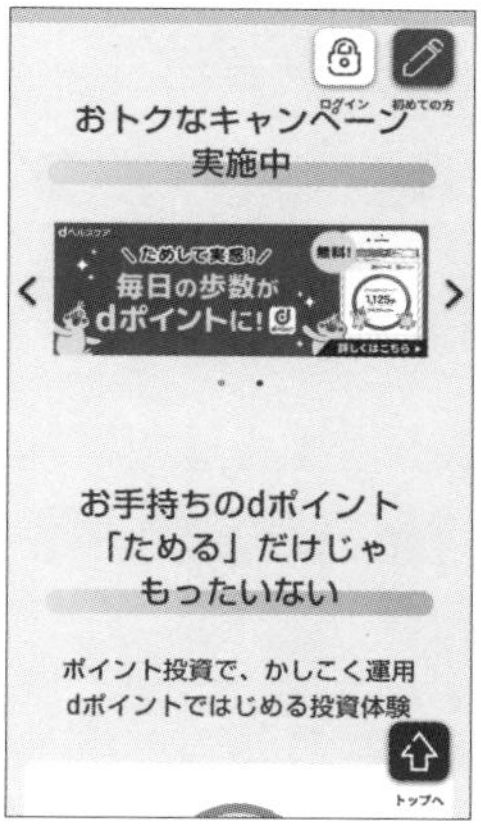


dアカウントはドコモユーザーでなくても作れる！

（出所）NTTドコモ（https://dpoint-inv.smt.docomo.ne.jp/）

できます。

dアカウントやdポイントについて、詳しくはNTTドコモのサイト「dPOINT CLUB」(https://dpoint.docomo.ne.jp/) をご覧ください。

その貯まったポイントを**運用ポイント**に交換し（dポイント1P＝運用ポイント1Pに変換）、運用することも可能です。運用で増えたポイントはもちろん、dポイントに戻せばスマホ関連の支払いや買い物に利用できます。

dポイント投資はもちろん、PCだけでなくスマートフォンからも利用できます（①②）。

以下、dポイント投資を例に取って説明します。

## dアカウントでログイン

③

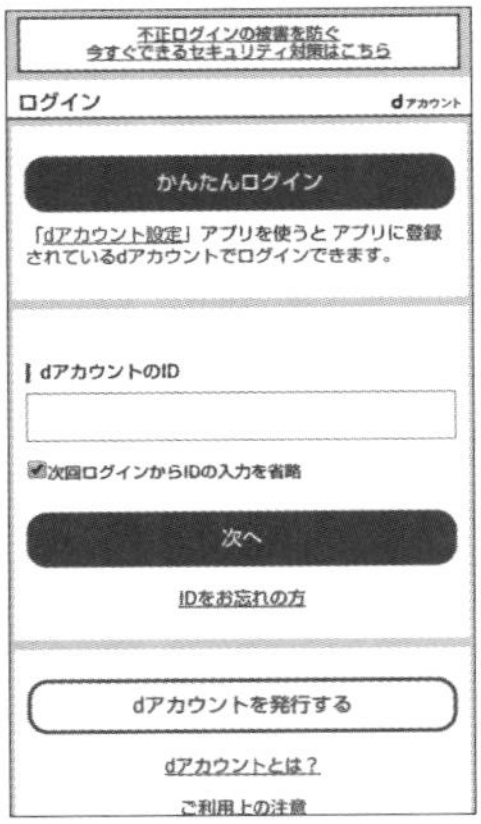


④

⑤

●**サイトにログイン**

dポイント投資公式サイトからdアカウントでログインします（③）。

●**買い方を選ぶ**

ポイントそのものを運用するタイプの場合、運用のしかたをいくつか選べる場合が多いです。会社によって多少異なりますが、各社投資初心者に配慮して親しみのあるユーザーインターフェースで工夫されています。

dポイント投資の場合は、「おまかせで運用」と「テーマで運用」の2つが選べます(同時に運用もできます)。**おまかせで運用**は、さらに「積極的なアクティブコース」と「安定的なバランスコース」からお好みのコースを選べます（④⑤）。

## 運用方法とポイント数を決める

⑦

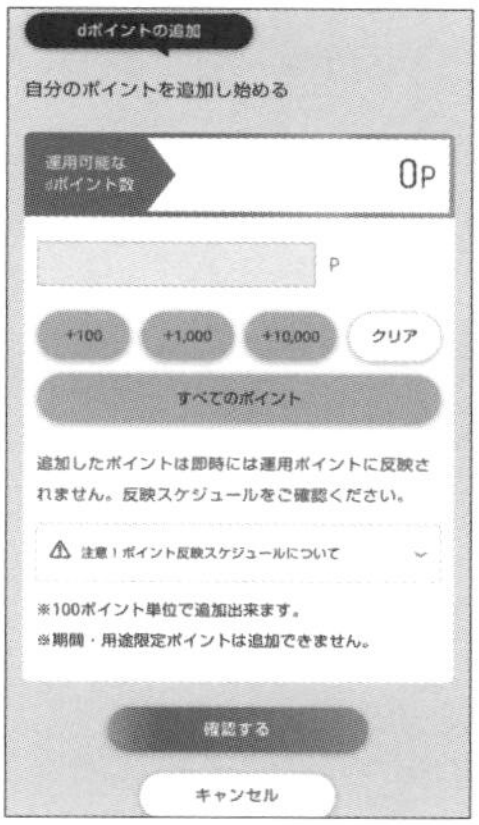


⑥

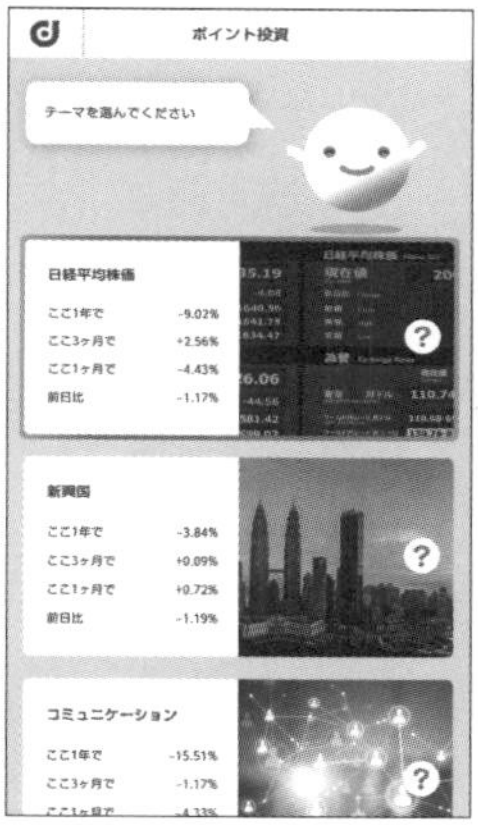


**テーマは10テーマから選べる！**

日経平均株価
新興国
コミュニケーション
生活必需品
ヘルスケア
金（ゴールド）
クリーン・エネルギー
日経インバース投資
SDGs/ESG
米国大型株（初回は選択不可）

**テーマで運用**では、「日経平均株価（日経225）」、「コミュニケーション」、「ヘルスケア」、「金（GOLD）」など10のテーマから選択できます（⑥）。

また、「おまかせ」コースの運用ポイントは、株式会社お金のデザインが設定・運用する投資信託の基準価額に連動して増減します。

なお、運用についての詳細は、dポイント投資のサイトをご覧ください。

### ●投資するポイントを決めて買う

買い方を選んだら、dポイントからどれだけ運用ポイントに追加するかを選ぶと投資がスタートします（⑦）。dポイントは100ポイント単位で運用可能です。

## ◎購入後は記録をつける

購入後は、**マネーダイアリー**に記録をつけましょう。購入時の銘柄、買った理由、買うときの気持ちなどを記載し、時間が経ってからの振り返りも書きます。

**●値動きをチェックして売りたいタイミングで売る**

ポイント投資サイトで、**運用状況（ポイントの増減）**を確認できます。値動きをチェックして売りたいタイミングで売ります。売るタイミングとしては「利益確定」と「損切り」の2つになります。

どうしてそこで売るのかも、マネーダイアリーにメモするといいでしょう。

**2つの売りタイミング**

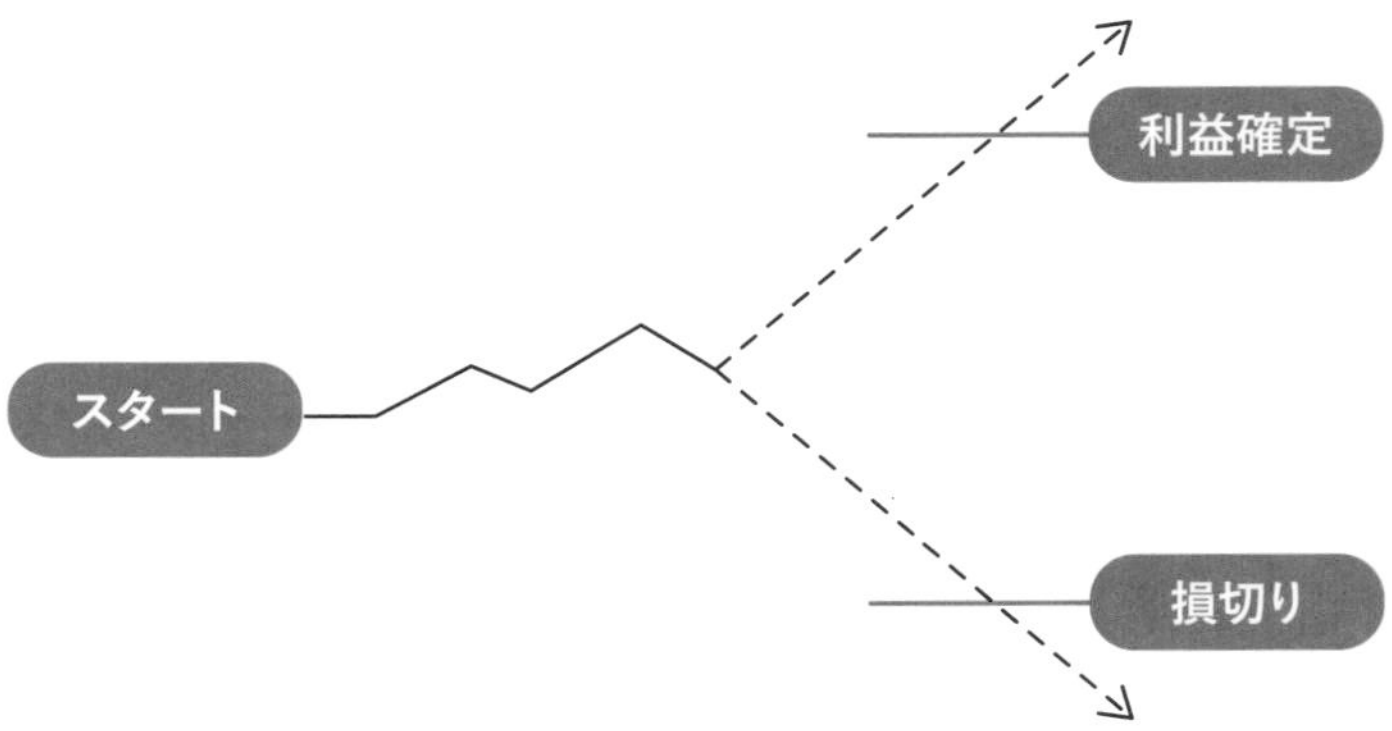

6

学びの投資② ポイント投資

# ポイントで株を買う

もう1つのポイント投資の方法は、ポイントで株が買えるタイプです。

このタイプは実際の証券口座を開設する必要があり、ポイントそのものを運用するよりは始める手間がかかります。しかし、いずれ本格的に投資を始めようと思えば同じ手続きが必要になりますので、その練習という意味でも口座を作って始めてみるのも悪くはないと思います。

## ●日興フロッギーを利用する

dポイントの場合は、前節で紹介したNTTドコモが運営するポイント運用サービスとは別に、92ページで紹介したSMBC日興証券が運営する「日興フロッギー」という、dポイントで株を買える方法があります。

この日興フロッギーは仮にdポイントがなくても、現金を入金したり、ポイントと現金を併用して始めることもできますし、さまざまな記事を読むとdポイントがたまるなどの特典もあります。

## dポイントで株が買える日興フロッギー

②

①

・100ポイントから、現金なら100円から株、ETF、REITが買える。
・記事を読んだり取引したりするとdポイントがたまる。
・配当や優待ももらえる。

## ◎dポイントで株を買う流れ

「証券口座を開設⬇商品を選ぶ⬇投資するポイントを決める⬇購入⬇マネーダイアリーをつける⬇値動きをチェックして売りたいタイミングで売る」という流れになります。

### ●証券口座を開設する

dポイントで株を買うサービスの場合、証券口座をまず開設する必要があります。dポイントの場合は、**SMBC日興証券**で取り扱っていますので、同証券の例をスマートフォンの場合で紹介します。

まず、日興フロッギーの画面から「口座開設する」をクリックします（①②）。

## 口座開設も即日でできる

③

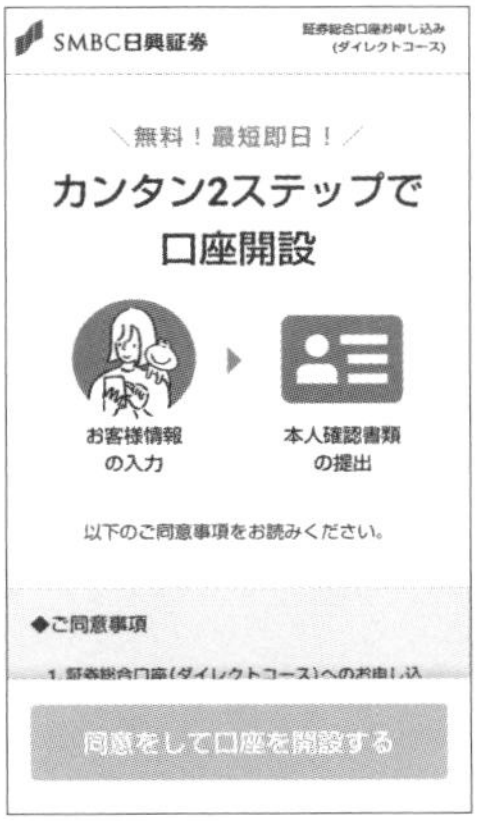


④

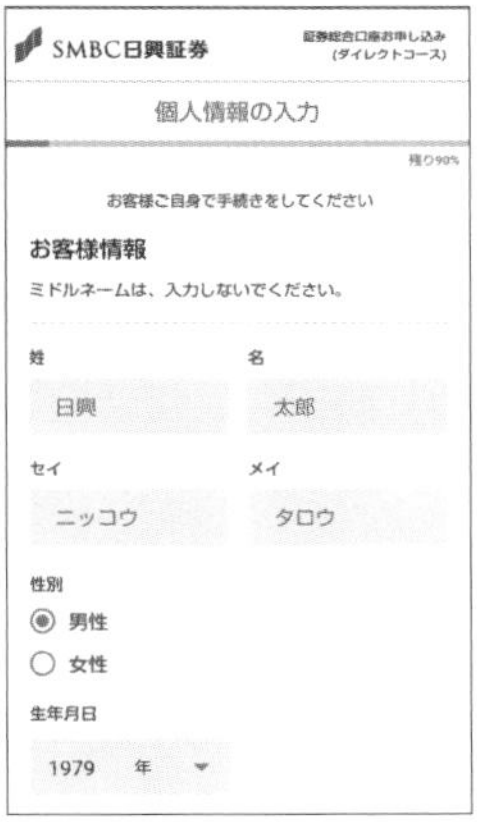


⑤

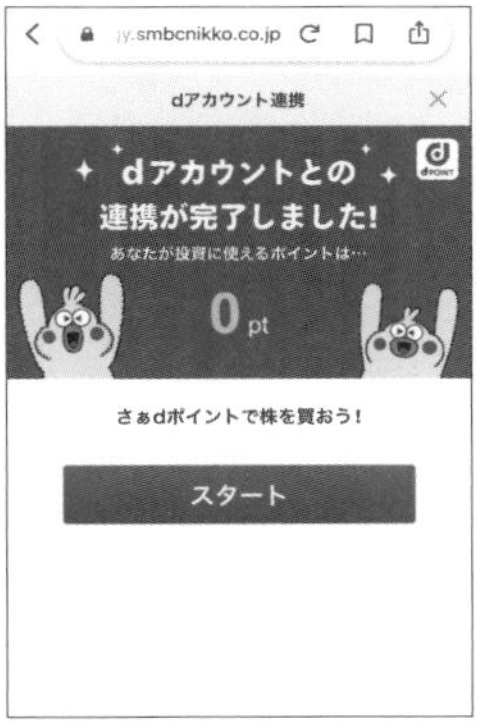


同意事項を読んで「同意して口座を開設する」をクリックします（③）。入力画面で必要なのは住所、氏名、電話番号、生年月日等の個人情報および本人確認書類の提出などです（④）。

「本人確認書類の提出」には、有効期限が切れていないかチェックしましょう。また銀行口座とは異なり、**マイナンバー**が必要になりますので、事前に用意をしておきましょう。

証券口座は、特定口座（源泉徴収あり）、特定口座（源泉徴収なし）、一般口座の3種類がありますが、お勧めなのは**特定口座（源泉徴収あり）**です。

特定口座とは、確定申告に必要な書類

（**年間取引報告書**）を証券会社が作成してくれる口座です。

このうち「源泉徴収あり」を選択すれば、**投資で利益が出た場合も源泉徴収で納税が完結する**ので、税金の計算に加えて**確定申告自体も不要**になります。

またＮＩＳＡ口座を合わせて作るかも選択できます。ＮＩＳＡ口座の詳細は後述しますが、これは「学びの投資」が終わって第4章の「資産形成の投資」をする場合に利用する口座ですので、今回は作成しない方を選択してかまいません。

口座開設が完了すれば、証券口座のオンライントレードにログインするためのログインパスワードが発行されますので、紛失しないように管理しましょう。

ログイン後、「ｄアカウントと連携する」をクリックし、ｄアカウントにログインして連携を完了します（⑤）。

## ●商品を選ぶ

証券口座が開設され日興フロッギーにログインしたら、商品を選びます。ここも練習の投資なので、選び方は自由です。正解ではなくまず買うことが大事ですので、どんな理由でもいいので選んでみましょう。

日興フロッギーは、トップ画面上部にある検索窓に気になる銘柄を入力して検索できます。また日興フロッギーでは、**記事から気になる銘柄を選んでそのまま購入**すること

## 記事から銘柄を選びそのまま購入できる

⑥

⑦

⑧

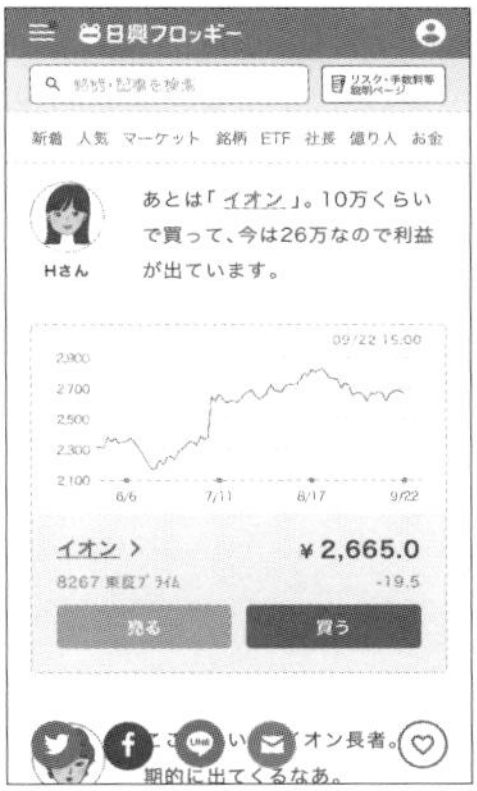


ができるので、記事の検索もできます（⑥⑦⑧）。証券コードや銘柄で検索すると、その銘柄に関連する記事が出てきます。

なお、検索で複数の銘柄が出てくる場合もありますが、間違えないように気をつけましょう。

### ●投資するポイントを決める

買う商品が決まれば、投資するポイントを決めます。これは株数を選ぶタイプ、ポイントを選ぶタイプがあります。日興フロッギーの場合はポイントで選びます。

このときはリアルな証券取引なので、口座区分も選ばないといけません。ここは特定口座を選びましょう（⑨⑩）。

## 購入ポイント（金額）を選んで注文

⑨

⑩

⑪

### ●マネーダイアリーをつける

購入後は、マネーダイアリーに記録をつけましょう。購入時の銘柄、買った理由、買うときの気持ちなどを記載し、時間が経ってからの振り返りも書きます。

### ●値動きをチェックして売りたいタイミングで売る

**マイ資産**のページで現在の資産評価額を確認できます（⑪）。

値動きをチェックして売りたいタイミングで売る点は102ページの場合と同じです。売るタイミングとしては「利益確定」と「損切り」の2つになります。どうしてそこで売るのかも、マネーダイアリーにメモするといいでしょう。

なお、日興フロッギーでは100万円

## 日興フロッギーの主な特徴

| 主な項目 | 内　容 |
|---|---|
| 取引できるもの | 個別株式・ETF・REIT |
| 注文可能金額 | 現金で100円以上<br>dポイントもつかえる |
| 注文可能時間 | 営業日　朝5時～11時30分　16時～深夜2時<br>土日祝　朝5時～深夜2時 |
| 配当 | 単元未満株でも株数に応じて配分 |
| 株主優待 | 単元株に達していれば受け取れる |
| NISA口座 | 開設すれば利用できる |

以下の買い注文は手数料が無料です（売りは0・5％）。

## 7

学びの投資③　バーチャル投資

# バーチャル投資で株取引を練習する

投資シミュレーションにもいくつかのサービスがありますが、その代表例として、人気のトレダビを紹介します。

### ◎バーチャル株投資ゲーム「トレダビ」

トレダビは、株式会社Finatextが提供する株式投資のシミュレーションゲームです。参加登録・参加費用・手数料は一切かからず、**無料で利用**することができます。

取引は仮想マネーで行うので、購入前に現金を入金する必要はなく、売買の手数料も仮想マネーで支払います。これはゲームをする上での仮想のお金であり、実際のお金や仮想通貨（暗号資産）などが必要になるものではありません。

取引できる株式は東京証券取引所に上場している実際の会社の銘柄を選べますし、価格の値動きも実際の株価の値動きに連動しているので、リアルな感覚で売買できます。

トレダビを使ってデモトレード

また、アンケート内容を元に銘柄がレコメンドされたり、投資の成績を他のユーザーと競ったりすることもできます。お勧めに従ってまずは銘柄を選んでもいいですし、他のユーザーが今どの銘柄を買っているかを参考にしながら買うこともできます。

トレダビは、PCからもスマートフォンからも利用できます。

## ●トレダビの新規会員登録をする

トレダビの登録は至ってシンプルです。PCよりもスマホアプリからの方が簡単に登録できます。アプリの方が売買もしやすいので、アプリでの利用をお勧めします。

## アンケートに回答して新規会員登録

④

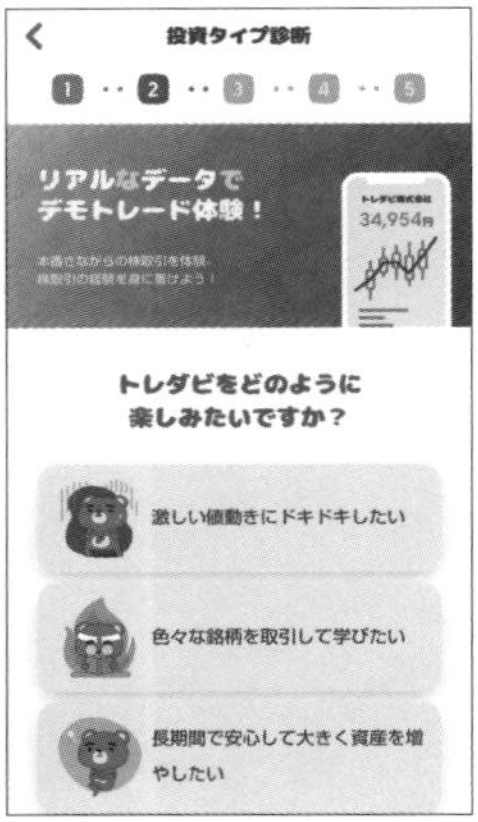


⑤

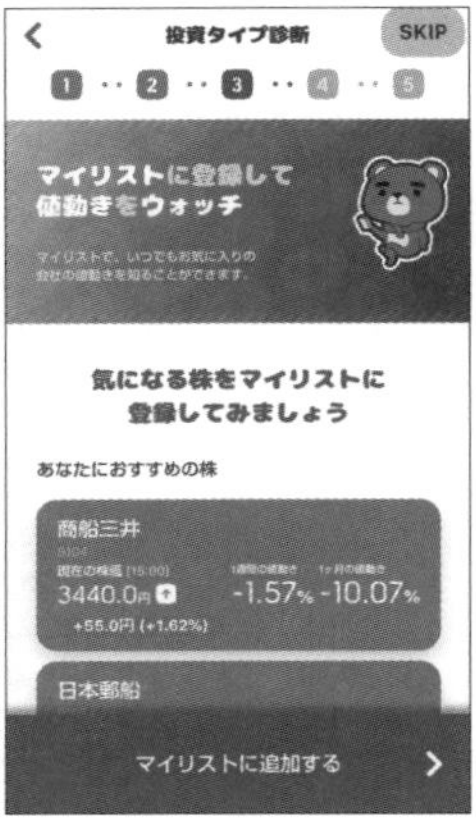


⑥

アプリからの利用登録であれば、投資の経験、どのように楽しみたいかなどアンケートにいくつか回答することで簡単に終了します（③④）。資産額は通常1000万円からのスタートになります（⑥）。

### ●買いたい株を選ぶ

トップ画面の上に「**株を探す**」という部分があるので、それをタップすると銘柄を選べる画面に遷移します。

一番上に検索窓があるので、ここに気になる銘柄を入力すると該当の銘柄を選べます（⑦）。何を選べばいいか悩む場合は、その下にある業種で探す、前日比ランキングなど他の方法で探せますし、AIから「あなたにお勧めの株」も提示されるので、ここから選んでみてもいいで

## 買う銘柄を選択して購入する

⑨　⑧　⑦

しょう。

ここは練習で行っているバーチャル投資ですから、「何となく」くらいの感覚でいいので、まずは1つ選んでみましょう(⑧)。

### ●購入する

購入するときは画面右下の「新規注文する」を選択します。すると、3つ注文方法が出てきますので、ここは「**現物買**」を選択します。「信用新規買」、「信用新規売」は少ない資金で大きな取引をする信用取引の売買のことで、投資初心者には不向きですので無視してかまいません(⑨)。

そして、条件、数量、期限を指定します。こだわりがなければ、いずれも表示

## 現物買いの成行で注文する

⑩

⑪

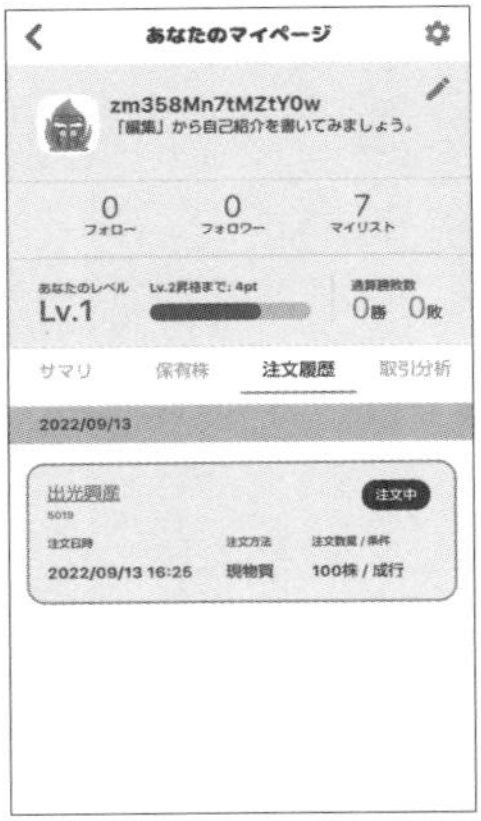


⑫

されたままでＯＫです。条件は「**成行**」、数量は１００株、期限は当日中を選びます（⑩）。

このとき、成行とは文字通り買値や売値を指定せず、その時の市場価格で注文が成立する注文方法です。他には、価格を指定する指値注文、指定した価格になったら注文を出す逆指値注文というのもありますが、これらは注文を出した後で指定した価格に到達しなければ注文が成立しません。

今回はあくまで練習なので、確実に買えるように「成行」で差し支えありません。注文は左下の「注文する」をタップしたら注文完了です（⑪）。本来は注文を出したら即購入できるのですが、こちらはバーチャル取引のため実際に購入できたものとして反映されるのは少し時間がかかります（⑫）。

以上がトレダビの基本的な使い方になります。是非楽しみながらプレイしてみてください。

## ◎購入後は記録をつける

購入後は、**マネーダイアリー**に記録をつけましょう。購入時の銘柄、買った理由、買うときの気持ちなどを記載し、時間が経ってからの振り返りも書きます。

振り返りとしてマネーダイアリーをつけることで「学びの投資」は完成します。投資をしっぱなしにせず、必ず振り返りも行いましょう。

### ●値動きをチェックし売りたいタイミングで売る

買った後はいつ売るかも考えて、売りたいタイミングで売ってみましょう。練習の投資なので、タイミングは自由でもオッケーですが、売るタイミングとしては「**利益確定**」と「**損切り**」の2つになります。

どうしてそこで売るのかも、マネーダイアリーにメモするといいでしょう。

## 8

# 投資した後のリスク管理を意識する

「学びの投資」の過程でリスク管理を学ぶ

投資をした後はその後のリスク管理が大切です。具体的には、大きく価格が下がったときにどうするか、どういうタイミングで買った金融商品を売るのか、ということです。本格的に投資をする段階でのリスク管理は大変重要で、いくつかのポイントもあるのですが、それは第4章で後述します。

### ◎売りタイミングを学ぶ

「学びの投資」の段階では、あまりルールにとらわれず売りたいと思ったときに売って差し支えなく、今はそこまで気にしなくてもかまいません。

むしろこの段階で大事なのは、売った後に、その売りタイミングは適切だったかどうか、後から振り返ってみることです。そうすることで、自分がどういうときに売りたくなるのか、早すぎるのか遅すぎるのか、あるいは適切だったのか、自分自身の傾向が見

## 買いよりも売りタイミングが難しい

えてきます。

　投資は買うときのことばかりに目がいきがちですが、実際にはいつ売るかも大変大きなポイントです。適切な商品を購入できても、売却のタイミングを間違えば大損する可能性もありますし、もっと利益が取れたのにそれを取り損ねたという事態も普通にあります。

　その意味で売りタイミングは、投資の中上級者でも悩むことの多いテーマです。それを練習段階で体験できるのは、投資リテラシーを向上させる上で大きな経験になります。

## ◎学びの投資はいつまでやるか？

学びの投資をいつまでやるかについては、明確なルールはありません。自分の肌感覚である程度慣れてきたと感じたら、次の「資産形成の投資」を始めてみましょう。

これを始めたからといって、学びの投資をやめる必要はありません。資産形成の投資を始めてからも投資のリテラシーを上げる必要性は変わりませんので、無理のない範囲内で継続できればベターです。

特に売りタイミングについては、今後も意識してみるといいでしょう。

# 第4章

# 資産形成の投資を実践する

ルールを厳守した手堅い投資

# 1 資産形成の投資で何を目指すのか？

「マネトレ投資法②〜資産形成の投資」（以下、「資産形成の投資」と略）で目指すのは、その名の通り資産形成、つまり**実際に資産を増やすこと**です。

## ◎資産形成の投資は「手堅い投資」でなければならない

投資にはリスクがあり、利益が出る保証はありません。また、最終的には資産が増えたとしても、一時的に資産の価格が大きく減少することも普通にあります。だからこそ、大きく利益を出すことよりもいかに失敗しないかという点、つまり手堅さが何よりも大事になります。

そのような性質があるため、「資産形成の投資」はルールを徹底して守る投資になります。だからこそ、投資初心者の方でも実践でき、どんな性格のタイプの人でもできる再現性の高い投資法でもあります。

一方で、ルール通りに行うので自由な裁量はあまりなく、ある意味「つまらない」投

## 投資信託はしくみ上分散投資がしやすい

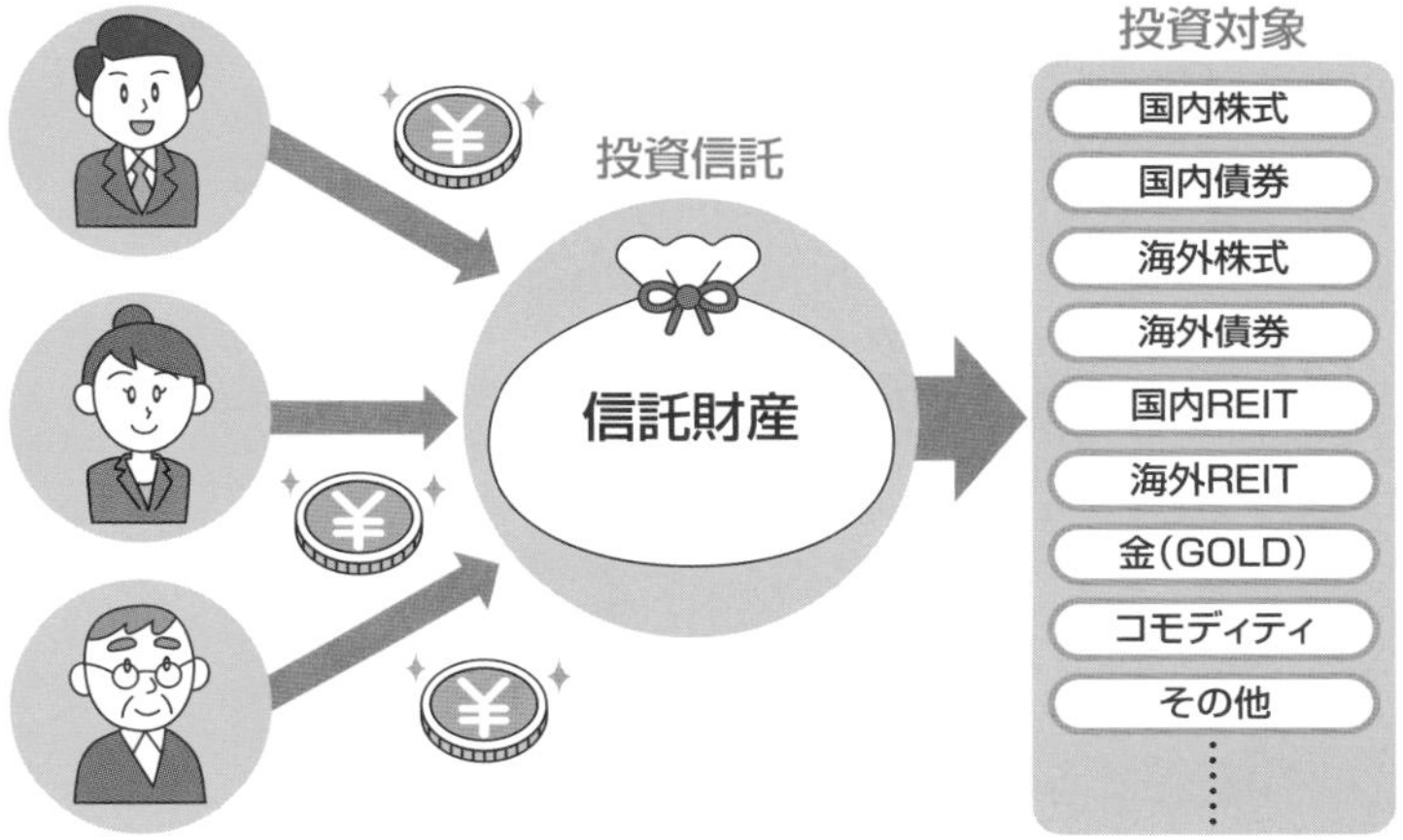


資になりがちです。投資に楽しさを求める人にとっては、窮屈に感じるかもしれませんが、大事な資産を失わないためにもぜひルールを徹底した上で実践していただきたいと思います。

楽しさを求める方には、この次の段階で「楽しむ投資」がありますので、そこでぜひ楽しみながらの投資を実践していただければと思います。

### ◎資産形成の投資で使う金融商品は？

資産形成の投資で購入する金融商品は、**投資信託一択**です。投資信託を選ぶ理由は、投資の三大原則である**長期・分散・積立投資がしやすい**からです。

投資信託は2章で説明した通り、複数

の金融商品や投資銘柄をパッケージにした商品ですので、そもそも複数の金融商品への分散投資がしやすいのです。運用はプロの**ファンドマネージャー**に任せられるので長期投資に向いていますし、多くの投資家から集めたお金をまとめて運用しているので、少額投資でコツコツ買っていくこともできます。

ちなみに、学びの投資では株式に投資するのがお勧めと書きましたが、**資産形成の投資では株式を選ぶのは不適切**です。

## ◎なぜ株式は避けるべきなのか？

その理由は株式の持つリスクです。前述の通り株式はリスクの高い金融商品です。たとえ世間的に有名で優良企業といわれる企業でも、さまざまなトラブルや不正・不祥事の発覚で大きく株価を下げる企業も少なからずあり、中には破綻する企業もあります。

例えば、自動車のエアバックやシートベルトのメーカーとして世界的ブランドだった**タカタ**が、エアバックの不具合による死亡事故の多発により世界各地でリコールや訴訟が拡大し、2017年に経営破綻したのは記憶に新しいところではないでしょうか。

直近の事例でいえば、2022年2月末まで東証1部上場企業であった**グレイスクテクノロジー**があります。

同社は企業の業務マニュアルの制作やコンサルティングなどを手掛ける会社ですが、２０２１年11月9日、不適切な会計処理疑惑が発覚し、決算発表延期を発表しました。株価は急落し、１０００円前後だった株価が1週間後には５００円前後となりました。その後不正会計の発覚により２０２２年1月下旬には**上場廃止**となることが決まり、最後は一時13円にまで下がりました。２０２０年末の同社の株価は４２００円を超えていたことを考えると、あまりの落差に慄然とします。

なお、日本公認会計士協会は、２０２２年3月期(２０２１年4月~２０２２年3月)に会計不正を公表した企業が31社だったと発表しています（２０２２年6月28日／日本経済新聞)。

以上のように、どんな有名企業であっても個別株式の持つリスクは高いといえます。**まとまった大きな金額をそうした金融商品に一括して投資するのは妥当ではありません。**個別株式への投資は、すぐにこのような経験をすることがなくても5年、10年、20年と続けていく中では、ないとはいえません。

学びの投資の目的は投資の練習をして投資に慣れること、投資のリテラシーを上げることでした。そのためには、個別の株式に投資した方が投資の実感が沸きやすいですし、

### 「資産形成の投資」は安全性を最重要視

| | 学びの投資 | 資産形成の投資 |
|---|---|---|
| 何のため？ | 投資の練習のためにやる | 資産を増やすためにやる |
| リスクは？ | ノーリスクまたは超低リスク | 適度にリスクを取る |
| 失敗してもいい？ | 失敗しても学びになるのでOK | 失敗したら資産が減るので、できるだけ回避 |
| 結論 | ある程度自由に投資してOK | ルールに従って手堅く投資する |

値動きがあることでリスクを体感することができます。

それに対し、これから実践するのは実際に資産を増やすための「資産形成の投資」です。目的が変われば、投資の仕方や金融商品も変わります。学びの投資と違って大きな失敗はできないので、**リスクを極力抑え安全性を大事にした投資に移行する必要**があります。

株式に投資した方が実感があるという方も、もちろんおられるでしょう。

そういう方には5章の「マネトレ投資法③楽しむ投資」がありますので、4章では一旦、投資信託に集中していただきたいと思います。

証券投資の税金と申告制度

# 2 特定口座（源泉徴収あり）なら確定申告不要

学びの投資では、少額もしくはポイント投資でしたので、税金がかからないケースやかかっても無視できるくらいの金額でした。しかし、これからは資産形成に向けてそれなりの大きな金額を投資していくことになります。

そこで、このタイミングで**投資の税制についてしっかり確認しておくことが大切**です。

## ◎株や投資信託の税金はどうなる？

投資で利益が出ると、その利益に税金がかかります。投資する金融商品によって多少の違いはありますが、株や投資信託であれば譲渡益と配当・分配金があります。それぞれに対して計20・315％の税金（所得税15％＋住民税5％＋復興特別所得税0・315％）がかかります。

例えば、100万円で株や投資信託に投資して、倍の200万円になったときに売った場合は、その譲渡益100万円の20・315％であるおよそ20万円が税金として取ら

## 株や投資信託の税金の基本

例　A株100株を株価100万円で購入し、1年後に200万円になったときに売却。配当金は1株100円で受取りは1回

**●譲渡益（キャピタルゲイン）**

| 購入時 | 売却時 | 譲渡益(キャピタルゲイン) |
|---|---|---|
| 100万円 | 200万円 | 100万円……税引前利益 |

100万円 × 税率20.315%※ ＝ 203,150円……税金
100万円 − 203,150円 ＝ **796,850円**……税引後利益

**●配当金（インカムゲイン）**

1株配当100円 × 100株 ＝ 1万円………税引前利益
1万円 × 税率20.315%※ ＝ 2,031円（小数点以下切捨）……税金
1万円 − 2,031円 ＝ **7,969円**……税引後利益

※所得税15%、住民税5%、復興特別所得税0.315%（2037年末まで）

れるので、実際の手取りの税引後利益は80万円程度になります（手数料等は省略）。

## ◎確定申告はどうする？

利益が出た場合の税金の手続きはどうするのでしょうか？

結論からいうと、後から詳しく説明しますが、**証券口座を特定口座（源泉徴収あり）で開設して取引すれば、確定申告は不要**です。

お仕事でお給料を手にすると、税務署に申告して所得税や住民税などを支払わないといけません。ただ、会社員の方の場合は勤務先でその手続きをしてくれて、毎月のお給料から税金が**源泉徴収**という形で天引きされます。

したがって、原則としてご自身での税務署への確定申告は不要になります。それと同じようなイメージです。

## ◎証券口座には3つのタイプがある

証券口座の種類には、①特定口座（源泉徴収あり）、②特定口座（源泉徴収なし）、③一般口座の3つのタイプがあります。特定口座は**証券会社ごとに1人1口座のみ**作ることができますが、基本的に、このうちの①の特定口座（源泉徴収あり）を選んでおけば

## 3つの口座から選択

### 特定口座

#### 源泉徴収あり

①売却や配当金等の受け取りの度に税金は源泉徴収され、確定申告は原則不要

②特定口座内の１年間の配当金等と譲渡損は損益通算される（取られすぎた税金は還付される）

③確定申告しなくても年間取引報告書は作成される

④右の②③を利用したい場合は、年間取引報告書を使い自分で確定申告

#### 源泉徴収なし

①年間取引報告書を使い自分で確定申告

②譲渡損の３年間繰越控除が可能

③配当金等との損益通算、他の証券会社との複数口座間での損益通算が可能

### 一般口座

①年間取引報告書は作成されないので自分で損益を計算して確定申告

問題はありません。

**●税金は源泉徴収される**

例えば、特定口座(源泉徴収あり)を選ぶと、株や投資信託を売って利益が出た場合、譲渡益から税金が源泉徴収され、配当等も受取時に源泉徴収されます。

**●原則特定口座内で損益通算し納税完了**

投資の税金には**損益通算**という仕組みがあります。

特定口座内の譲渡損失と株式の配当金や投資信託の分配金、公社債の利子等とを自動的に損益通算し、納税(取りすぎた税金があれば還付)

をしてくれますので、原則として確定申告は不要です。

ただ、これを選んだからといって確定申告ができなくなるわけではありません。例えば、左記のような制度を利用したい場合など、必要に応じて確定申告をしたいと思ったらご自身ですることも可能ですし、口座のタイプを年単位で変更することもできます。

なお、どちらを選んでも、**確定申告の際に必要な「年間取引報告書」は毎年証券会社が1年間の損益を計算して作成してくれます。**

## ●譲渡損失の繰越控除

前述した損益通算は原則として1年間ですが、その年に控除しきれない額を翌年以降3年間繰り越して、譲渡益や配当等から控除できる制度があります。これを「**譲渡損失の繰越控除**」といいますが、利用するには確定申告（配当等は申告分離課税を選択すること）が必要です。

## ●複数口座間の損益通算

特定口座は1金融機関で1つずつしか作れませんが、複数の証券会社や銀行との間で損益を通算することもできます（ＮＩＳＡ口座は対象外）。

## 特定口座で取扱いができる主な金融商品

| 特定口座 | 一般口座 |
|---|---|
| ・上場株式<br>・ETF<br>・REIT<br>・公募株式投資信託<br>・公社債<br>・公募公社債投資信託<br>・外国株式<br>など | ・特定口座、NISA口座で管理していない上場株式等（非上場株式など）を取り扱う |

例えば、A証券会社の年間損益が＋20万円で、B証券会社の年間損益が▲10万円という場合は、確定申告をすることで複数の損益を通算することができます。

この場合、＋20万円と▲10万円を合算すると＋10万円となり、この10万円を譲渡益としてここから税金が徴収されることになります。ただし、これも利用するには確定申告が必要になります。

なお、③の一般口座は、取引報告書が作成されませんので、損益の計算を自分でしなくてはなりません。金や先物取引などの譲渡益（雑所得）と合算して確定申告する際に使う口座ですので、当面は気にしなくてもいいでしょう。

3

# ＮＩＳＡ口座のしくみと種類

## 投資で得た利益が非課税となる口座もある

前節の証券税制のしくみを見て、いかがでしたでしょうか？　せっかく利益が出ても20％も税金を取られるのか、とがっかりした方もおられるかもしれません。

この点では、投資で出た利益の税金を非課税にする特別な証券口座も用意されています。これらは前節で紹介した3つの口座とは、また別個の口座です。具体的には、ＮＩＳＡとｉＤｅＣｏというものです。

資産形成の投資では、これらの非課税口座を利用した投資を推奨していますので、まずはＮＩＳＡのしくみについて説明します。

### ◎ＮＩＳＡのしくみ

**ＮＩＳＡ（少額投資非課税制度）**とは、口座内で、毎年一定金額の範囲内で購入した金融商品から得られる利益が非課税となる制度のことです。

イギリスでは個人の資産形成のために、ＩＳＡ(Individual Savings Account=個人貯蓄口座）という非課税で投資ができる証券口座がありますが、これをモデルにした日本版ＩＳＡとして２０１４年1月から導入され、ＮＩＳＡ（Nippon Individual Savings Account）という愛称がつけられました。

ＮＩＳＡ口座を作る場合は、証券会社で口座開設をするときに特定口座等と合わせて開設することができます。

## ◎どちらのＮＩＳＡを選ぶか

現在ＮＩＳＡには3つの種類があり（ジュニアＮＩＳＡは２０２３年末で廃止予定）、成人が選べるのは**一般ＮＩＳＡ**と**つみたてＮＩＳＡ**です。２つを同時に利用はできないため、どちらかを選ぶ必要があります。

いずれも、日本在住で、口座を開設する年の1月1日現在で20歳以上であれば作ることができます。早生まれの方は1年先になります。この点、２０２２年から成人年齢が18歳に変更されたため、２０２３年からは満18歳に変更される予定です。

結論からいうと、**資産形成の投資で選ぶべきなのは、このうちの「つみたてＮＩＳＡ」です。**その理由は2つのしくみを比較しながら説明しますが、まずは一般ＮＩＳＡから見ていきましょう。

## 3つのNISAの特徴（2023年まで）

| | NISA（20歳以上） | | ジュニアNISA（20歳未満） |
|---|---|---|---|
| | 一般NISA | つみたてNISA | |
| 制度開始 | 2014年1月から | 2018年1月から | 2016年4月から |
| 非課税保有期間 | 5年間 | 20年間 | 5年間<br>※ただし、2023年末以降に非課税期間が終了するものについては、20歳まで非課税で保有を継続可能。 |
| 年間非課税枠 | 120万円 | 40万円 | 80万円 |
| 投資可能商品 | 上場株式・ETF・公募株式投信・REIT 等 | 長期・積立・分散投資に適した一定の投資信託<br>※金融庁への届出が必要 | 一般NISAと同じ |
| 買付方法 | 通常の買付け・積立投資 | 積立投資（累積投資契約に基づく買付け）のみ | 一般NISAと同じ |
| 払出し制限 | なし | なし | あり（18歳まで）<br>※災害等やむを得ない場合には、非課税での払出し可能。 |
| 備考 | 一般とつみたてNISAは年単位で選択制<br>2023年1月以降は18歳以上が利用可能 | | 2023年末で終了 |

## 一般NISAの特徴

| | |
|---|---|
| 利用できる人 | 日本在住の20歳以上（口座開設年の1月1日現在）の方 |
| 非課税対象 | 株式・投資信託等への投資から得られる配当金・分配金や譲渡益 |
| 口座開設可能数 | 1人1口座 |
| 非課税投資枠 | 新規投資額で毎年120万円まで（非課税投資枠は最大600万円） |
| 非課税期間 | 最長5年間（ロールオーバーが可能） |
| 投資可能期間 | 2014年～2023年 |

（出所）金融庁HPを元に作成

## ◎一般NISAのしくみ

前ページの図のように、現行の一般NISAは非課税投資枠が年120万円で、最長5年間利用できますから、120万円×5年でトータル600万円の元本まで非課税で投資できることになります。

投資金額は年120万円の枠内ならいくらでもよく、1万円でもかまいません。ただ、仮にある年に100万円しか投資せず、非課税枠が20万円分残ったとしても、これを翌年に繰り越して140万円にするといったようなことはできません。投資可能期間は2023年までです。

次ページの図のように、**最後の2023年に投資した120万円も、5年間の非課税期間(2023年から2027年まで)は利益が出ても課税されない**ということです。5年間の非課税期間が終了した際は、ロールオーバーするか、特定口座や一般口座に移すかを選択することができます。

**ロールオーバー**というのは、翌期の新しい非課税枠に移管し、そのままNISA口座での保有を継続することをいいます。ロールオーバーは、たとえ時価が値上がりして120万円を超えていたとしても可能で、全額移管できます。

## 非課税期間とロールオーバー

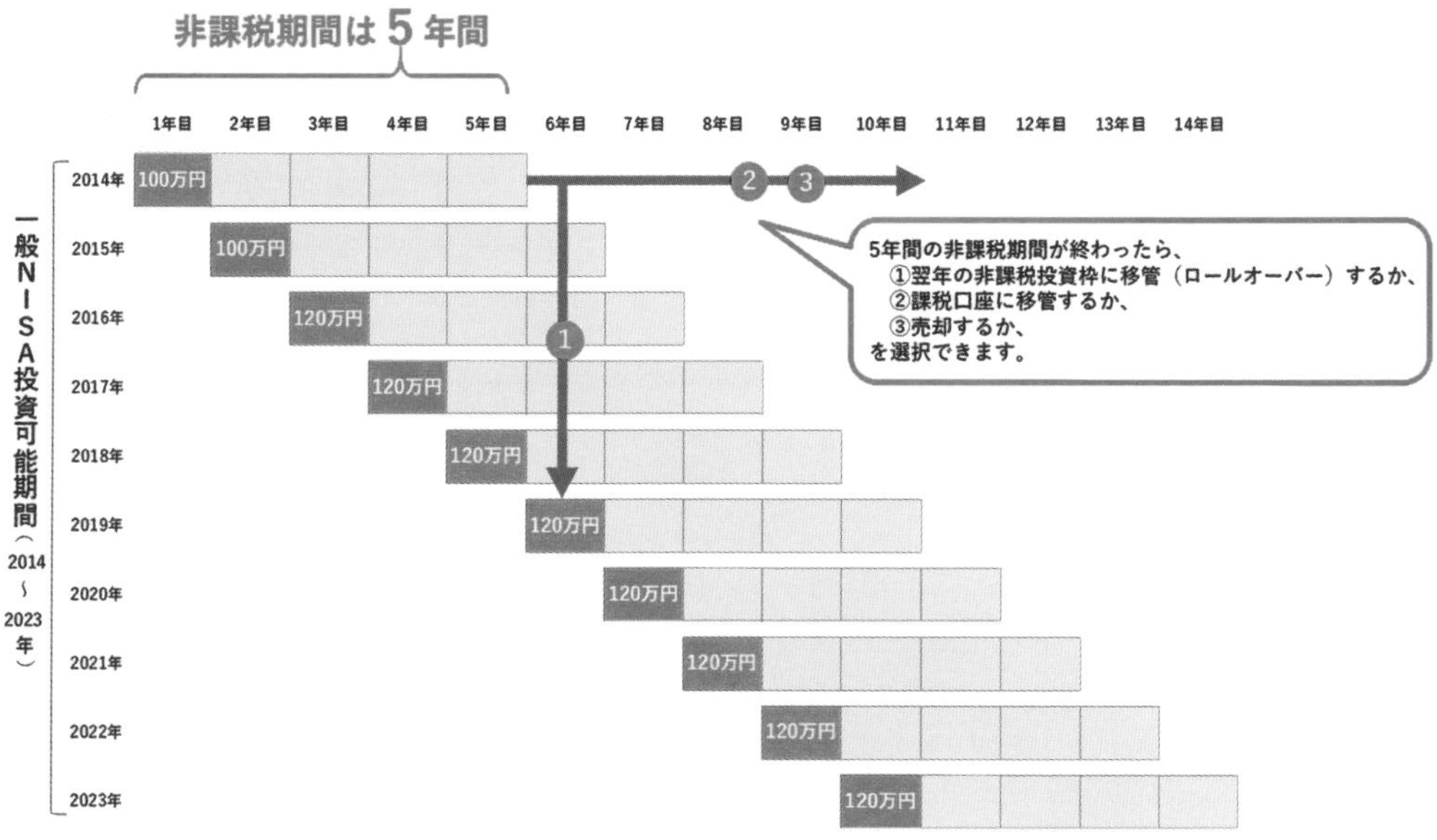
非課税期間は5年間
1年目
2年目
3年目
4年目
5年目
6年目
7年目
8年目
9年目
10年目
11年目
12年目
13年目
14年目
一般NISA投資可能期間（2014～2023年）
2014年
100万円
2015年
100万円
2016年
120万円
2017年
120万円
2018年
120万円
2019年
120万円
2020年
120万円
2021年
120万円
2022年
120万円
2023年
120万円
1
2
3
5年間の非課税期間が終わったら、
①翌年の非課税投資枠に移管（ロールオーバー）するか、
②課税口座に移管するか、
③売却するか、
を選択できます。

（出所）金融庁HPより抜粋

## 2024年からの新NISAの概要

| | |
|---|---|
| 利用できる人 | 日本在住の18歳以上（口座開設年の1月1日現在）の方 |
| 非課税対象 | 1階　一定の投資信託への投資から得られる分配金や譲渡益<br>2階　株式・投資信託等への投資から得られる配当金・分配金や譲渡益 |
| 口座開設可能数 | 1人1口座 |
| 非課税投資枠 | 1階　新規投資額で毎年20万円まで（非課税投資枠は最大100万円）<br>2階　新規投資額で毎年102万円まで（非課税投資枠は最大510万円） |
| 非課税期間 | 最長5年間（1階部分のみつみたてNISAへのロールオーバーが可能） |
| 投資可能期間 | 2024年～2028年 |

（出所）金融庁HPを元に作成

### ◎2024年から新制度に移行

一般ＮＩＳＡは制度改正により、２０２４年から新制度に移行することが決まっています。

非課税枠は２階建てになり、１階部分は20万円、２階部分は１０２万円で、年間で計１２２万円になります。

１階部分は長期・分散・積立投資に適した一定の投資信託のみ、２階部分は投資信託以外に株式やＥＴＦ、ＲＥＩＴの購入もできますが、そのためには１階部分で積立投資を行う必要があります。

非課税期間が最長5年間というのはこれまでと同じで、投資可能期間は２０２４～２０２８年までとなります。

4

長期・分散・積立投資のスタンダード

# つみたてNISAのしくみ

つみたてNISAは、少額での長期・分散・積立投資に特化した非課税制度です。

## ◎つみたてNISAの特長

非課税の投資枠は毎年40万円で最長20年間、つまりトータル800万円の投資元本まで非課税で投資をすることができます。投資可能期間は2042年までです。非課税期間は一般NISAの5年間に対し、こちらは20年間と長くなっています。つまり**最後の2042年に投資した40万円も、20年間の非課税期間（2042年から2061年まで）は利益が出ても課税されない**ということです。

非課税投資枠の未使用分を翌年に繰り越すことや、ロールオーバーはできません。

一般NISAと違い、投資できる商品に個別株式は入らず、つみたてNISAでは**投資信託ほぼ一択**となります。また「つみたて」と付いているだけあって、投資のタイミングは好きなときというわけにはいかず、**毎月の積立投資**しかできません。

## つみたてNISAの概要

| | |
|---|---|
| **利用できる人** | 日本在住の20歳以上（口座開設年の1月1日現在）の方<br>(つみたてNISAと一般NISAは併用できず、一方を選択して利用) |
| **非課税対象** | 一定の投資信託への投資から得られる分配金や譲渡益 |
| **口座開設可能数** | 1人1口座 |
| **非課税投資枠** | 新規投資額で毎年40万円まで（非課税投資枠は20年間で最大800万円） |
| **非課税期間** | 最長20年間 |
| **投資可能期間** | 2018年〜2042年 |
| **投資対象商品** | 長期の積立・分散投資に適した一定の投資信託等(対象商品は2022年10月31日時点・216本)<br>例えば公募株式投資信託の場合、以下の要件をすべて満たすもの<br>・販売手数料はゼロ（ノーロード）<br>・信託報酬は一定水準以下（例：国内株のインデックス投信の場合0.5%以下）に限定<br>・顧客一人ひとりに対して、その顧客が過去1年間に負担した信託報酬の概算金額を通知すること<br>・信託契約期間が無期限または20年以上であること<br>・分配頻度が毎月でないこと<br>・ヘッジ目的の場合等を除き、デリバティブ取引による運用を行っていないこと |

(出所) 金融庁HPより抜粋

## つみたてNISA対象商品の分類(2022年10月31日現在)

| | | 国内 | 内外 | 海外 |
|---|---|---|---|---|
| **公募投信** | **株式型** | 44本<br>(31本) | 15本<br>(2本) | 53本<br>(31本) |
| | **資産複合型** | 5本<br>(2本) | 90本<br>(36本) | 2本<br>(1本) |
| **ETF** | | 3本<br>(0本) | ― | 4本<br>(0本) |

※( ) 内の数字は、届出開始当初（2017年10月2日）の商品数
(出所) 金融庁HPより抜粋

## ◎なぜつみたてNISAがお勧めなのか

一般NISAで積立投資ができなくはないですが、非課税期間は最長5年間（ロールオーバーしても10年間）しかないため、長期投資には不向きです。投資の三大原則である長期・分散・積立投資を実践する上では、つみたてNISAを選びましょう。

**●対象商品を低リスクの投資信託に限定**

ひとえに投資信託といってもその種類と数は膨大です。国内には2022年9月末時点でおよそ6000本もあり、しくみが複雑で高リスクな商品など、投資初心者の方が選ぶには不向きな商品も数多く含まれています。

ただ、**つみたてNISAで購入できる商品は、金融庁が投資初心者の資産形成に適すると判断した約200本（2022年10月31日時点・216本）に限定**されています。

条件を見ると、販売手数料や信託報酬といったコストが安く、分配金の支払い頻度が毎月ではない等とあり、**インデックス投信**が多くなっています（185本）。

つまり、つみたてNISAは設立当初から、投資初心者が長期・分散・積立投資を実践することを想定して作られた制度だということです。実際に、これが投資初心者の投資の大きな入り口となっています。

## つみたてNISAの口座数の状況

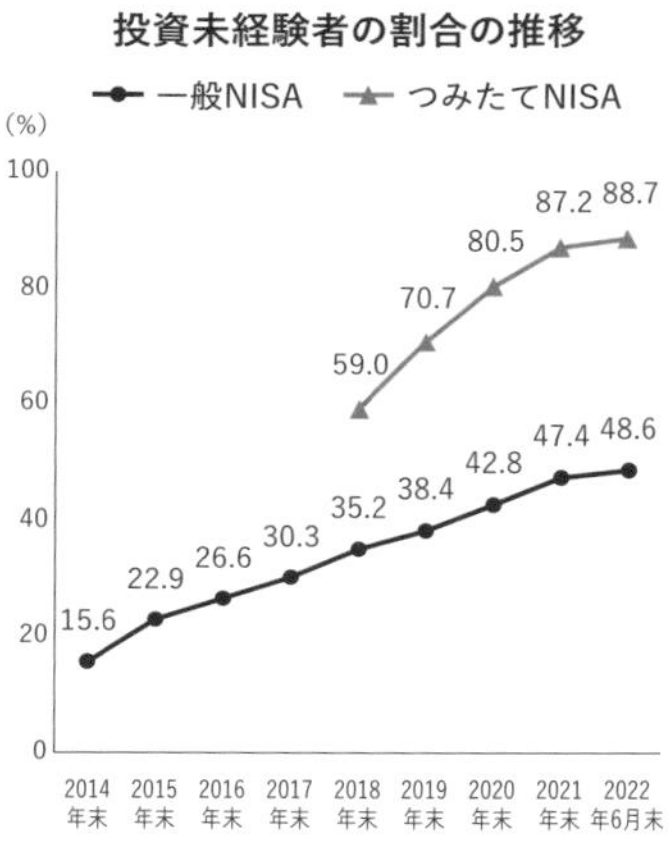


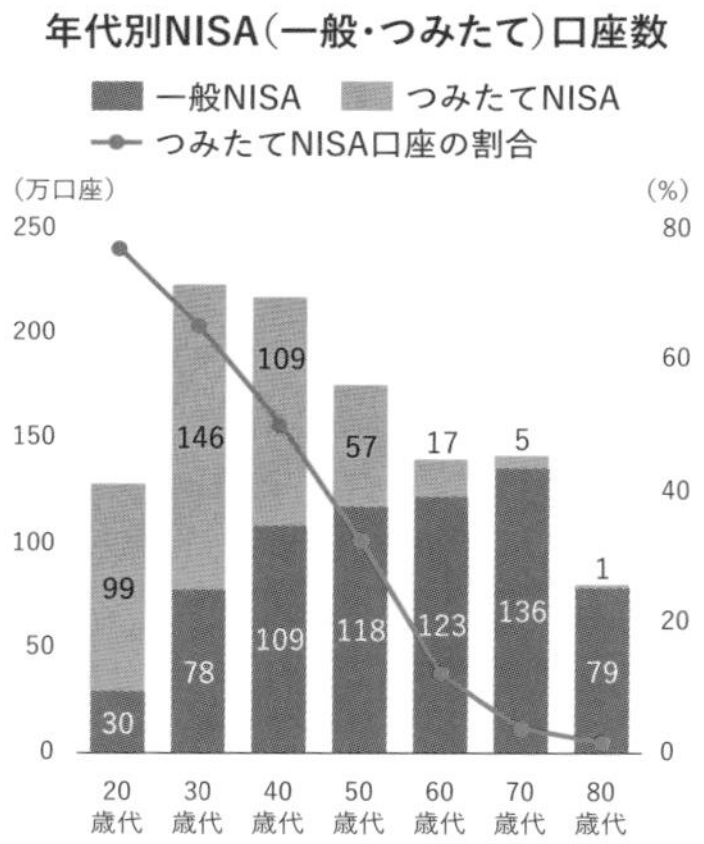


（出所）日本証券業協会「NISA口座開設・利用状況調査結果（2022年6月30日現在）について」より抜粋

### 2020年から急増

日本証券業協会のNISA口座開設・利用状況調査結果（２０２２年６月30日現在）によると、２０２２年６月末時点で、つみたてNISAの口座数は４３４万口座で、前年末に比べ28・2％も増加しています。

また、NISA口座開設者のうち投資未経験者の割合を比較すると、一般NISAの5割未満に対し、つみたてNISAは9割近くとなっています。

年代別のつみたてNISAの口座数では、20〜40代というこれまで投資をしてこなかった世代の割合が高く、コロナショックのあった２０２０年以降から急増しています。

## ◎ＮＩＳＡ利用時の注意点をおさらいしよう

これまで説明したように、２種類のＮＩＳＡ口座は長期間にわたり非課税で投資ができ、これから投資を始める方にとってもなくてはならない便利な口座です。しかし、利用するときに注意が必要な点や、状況によっては課税口座で投資をした方が有利な場合もあります。

これらをしっかり理解した上で、間違いのない選択をするようにしてください。注意点を簡単におさらいしておきましょう。

①一般ＮＩＳＡとつみたてＮＩＳＡの併用はできません（年単位で切り替えは可能）。
②課税口座で保有中の株や投資信託等をＮＩＳＡ口座に移管することはできません。
③使用しなかった非課税枠を翌年へ繰り越すことはできません。
④ＮＩＳＡ口座と、特定口座や一般口座との損益通算はできません。
⑤非課税期間終了後のロールオーバーは、一般ＮＩＳＡのみ可能で、つみたてＮＩＳＡはできません。
⑥ジュニアＮＩＳＡ（20歳未満が対象）は、２０２３年末で廃止されます。

5

掛金を積み立てながら自分で運用する私的年金制度

# iDeCoのしくみ

**iDeCo（個人型確定拠出年金）**とは、毎月一定の金額（掛金）を積み立て、あらかじめ用意された定期預金・保険・投資信託といった金融商品で自ら運用し、60歳以降に年金または一時金で受け取ることのできる私的年金の制度です。２００２年1月から導入され、ｉＤｅＣｏ（individual-type Defined Contribution pension plan）という愛称がつけられました。

## ◎3つの税制優遇のある優位な私的年金制度

ＮＩＳＡと同様に非課税で投資ができますが、その非課税のメリットはＮＩＳＡよりも大きく、また**NISAと併用も可能**です。一方、60歳までは原則として資金の引き出しができないというデメリットもあります。

企業でも企業型確定拠出年金（以下、**企業型DC**と記載）というものがあり、企業によってはこれで退職金の運用を行っています。企業型ＤＣでは、企業が掛金を拠出し従

## iDeCoのメリット（3つの税制優遇）

| | |
|---|---|
| **掛金拠出時** | ・加入者が拠出した掛金：**全額所得控除**（小規模企業共済等掛金控除）<br>・iDeCoプラスを利用し事業主が拠出した掛金：全額損金算入 |
| **運用時** | ・運用益：**運用中は非課税**（非課税で再投資できる）<br>・積立金：特別法人税課税（現在、課税は停止されている） |
| **拠出時** | ・年金として受給：**公的年金等控除**<br>・一時金として受給：**退職所得控除** |

（出所）厚生労働省HPより抜粋して作成

業員がそれを退職金（退職年金）原資として自ら選んだファンドで運用し、60歳以降に退職金または年金の形で受け取るものです。これとは別に、**自らの意思で確定拠出年金に加入して自ら運用するのがｉＤｅＣｏ**です。

なお、お勤めの企業で企業型ＤＣが導入されている場合、ｉＤｅＣｏに加入できない方もいましたが、２０２２年10月から加入の要件が緩和され、掛金の上限など一定の条件の下で加入できるようになりました。

企業型ＤＣでは運用できる商品の種類と数に制約があるため、ｉＤｅＣｏで運用した方がより自分のライフプランに合った商品を選びやすいといえます。現在はｉＤｅＣｏへの加入資格がない方も、ぜひ制度の概要は知っていただきたいと思います。

## iDeCoの加入資格

| | |
|---|---|
| **国民年金第１号被保険者** | 20歳以上60歳未満の自営業者とその家族、フリーランス、学生など[※1] |
| **国民年金第2号被保険者** | 厚生年金の被保険者（会社員、公務員）[※2] |
| **国民年金第3号被保険者** | 厚生年金の被保険者に扶養されている20歳以上60歳未満の配偶者 |
| **国民年金の任意加入被保険者** | 国民年金に任意加入した方<br>・60歳以上65歳未満で、国民年金保険料の納付済期間が480月未満の方<br>・20歳以上65歳未満の海外居住者で、国民年金の保険料の納付済期間が480月未満の方 |

※1農業者年金の被保険者、国民年金保険料免除者などは加入対象外
※2企業型DC加入で掛金の上限を超える等の場合は加入対象外
（出所）厚生労働省パンフレットより抜粋

## ◎iDeCoの概要

### ●加入対象者

上表のようになります。制度改正により2022年5月から年齢上限が64歳までとなるなど、加入資格が拡大されました。

職業としては、自営者や専業主婦は原則として加入可能です（自営業の場合、国民年金保険料免除を含め納めていない方は対象外）。会社員等の場合、企業型DCの加入者も2022年10月からは原則加入できるようになりました。

また、海外居住者でも、国民年金に任意加入していれば加入できます。

## 掛金の拠出限度額（月額）

| | |
|---|---|
| **国民年金第1号被保険者（自営業者等）** | **月額68,000円**<br>（国民年金基金の掛金、国民年金の付加保険料を納付している場合は、それらの額を控除した額） |
| **国民年金第2号被保険者（厚生年金の被保険者）** | ・会社員で確定給付型年金※や企業型DCに未加入 **月額23,000円**<br>・会社員で企業型DCのみ加入　**月額20,000円**<br>・会社員で確定給付型年金のみか、確定給付年金と企業型DCの両方に加入　**月額12,000円**<br>・公務員　**月額12,000円** |
| **国民年金第3号被保険者（専業主婦（夫）等）** | **月額23,000円** |
| **国民年金の任意加入被保険者** | **月額68,000円**<br>（国民年金基金の掛金や国民年金の付加保険料を納付している場合は、それらの額を控除した額） |

※確定給付型年金とは、厚生年金基金、確定給付企業年金、石炭鉱業年金基金、私立学校教職員共済制度を指す
（出所）厚生労働省HPより抜粋して作成

### ●毎月の掛金額

**月額5000円**からです。それ以上積み立てたい場合は1000円単位で上乗せできます。

掛金の月額上限額は、職業によっても異なります。例えば、第1号被保険者では月6万8000円です（ただし、国民年金基金にも加入している場合などは、その掛金と合わせて6万8000円までとなります）。

一覧にすると上表の通りです。会社員の場合、お勤め先の企業年金制度の有無等によって異なりますので、詳細は社内規程でチェックしてみてください。

## ◎iDeCoでかかる主な手数料

**初回だけの手数料**として、iDeCoに加入するとき、iDeCoの実施者である国民年金基金連合会に事務費用として2829円を支払います。

**毎月かかる手数料**としては、国民年金基金連合会に掛金納付の度に毎月105円、実際に資産を管理している信託銀行に毎月66円を支払います。

これに加えて、iDeCo口座を開設した金融機関（運営管理機関）でも毎月手数料がかかるケースもあります（金融機関により異なりますが、0円～450円程度）。

**これらの合計が、毎月掛金を納付する度に掛金から差し引かれます。**

そのほかに、年金給付の際に1回につき440円の手数料が差し引かれます。

また、iDeCoそのものの費用ではありませんが、iDeCoで選べる金融商品のメインは投資信託ですから、選んだファンドの**購入手数料**が毎月かかる（ノーロードのファンドもあります）ほか、**運用管理費用（信託報酬）**や解約時の**信託財産留保額**（かからないファンドもあります）がかかります。これらは一般的な投資信託運用でも同様にかかる手数料です。

## ◎その他で注意すること

**●掛金の変更は年1回だけ**

年1回だけ変更可能です。手続きは、金融機関等に申し込んで手続書類に記載し返送する必要があります。手数料はかかりませんが、時間がかかる点にも注意が必要です。

**●金融機関の変更はすぐにはできない**

iDeCoは約160ある金融機関（**運営管理機関**）から1社を選びますが、運用開始後に他社へ移管すること可能です。移管希望先の金融機関等に申し込み、手続書類に記載して返送する必要があります。移管に手数料がかかる場合や、時間がかかる点に注意が必要です。

**●受給開始年齢と加入可能期間の区別**

受給開始年齢は、従来は60歳～70歳の間でしたが、2022年4月から60歳～75歳の間に変更されました。加入可能期間も2022年5月から65歳未満に拡大されましたので、毎月の掛金は65歳になるまで積み立てでき、積立を止めたタイミングですぐに受給開始もできますし、しばらく運用だけを継続し受給は先に延ばすこともできます。

# 6 iDeCoの最大の強みは大きな節税効果

iDeCo利用の最大のメリットは節税効果です。それは効率のよい資産形成がしやすいということを意味します。具体的には次の3つです。

## ◎節税効果① 掛金全額が所得控除され所得税・住民税が軽減

会社員の場合、**給与収入**から自営業者の経費に当たるものとして**給与所得控除額**というものが差し引かれ、さらにその金額（**給与所得**）から生命保険料や医療費など所得控除できるものがあればその金額を差し引いて、**課税所得**を導き出します。この課税所得から所得税が算出されます。

**iDeCoの掛金は生命保険料や医療費などの所得控除と同じ扱いとなりますので、「年間のiDeCo掛金額×所得税率」が節税金額となります。**

例えば、左図のように年収500万円の会社員の方を例に挙げてみると、40歳から毎月2万円を掛金としてiDeCoに加入した場合、年間の掛金は24万円です。年収50

## iDeCo公式サイト「かんたん税制優遇シミュレーション」

年収 5,000,000円 年齢 40歳 掛金 20,000円で
iDeCoに加入した場合

● 通常の投資　通常の投資では、投資額や運用益に対して所得税や住民税が掛かってきます。

● iDeCo　iDeCoでは、月々の積み立て額や運用益が税控除の対象になるため、その分通常の投資に比べオトクになります。

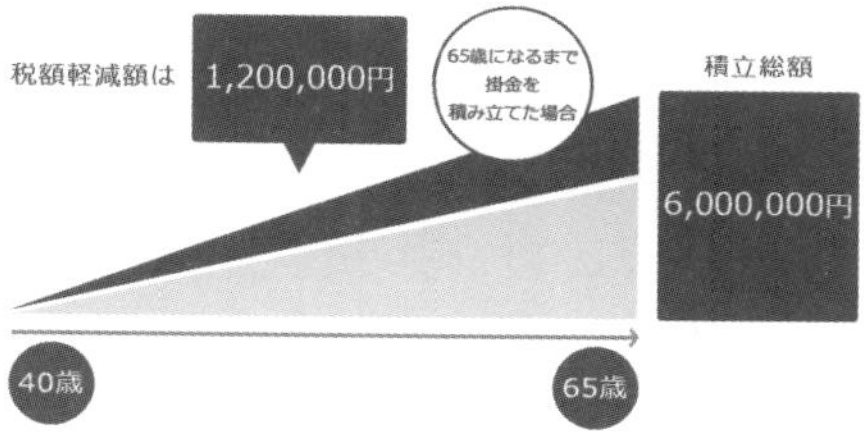


| | |
|---|---|
| 年齢 | 40歳 |
| 掛金/月 | 20,000円 |
| 年収/年 | 5,000,000円 |
| 給与所得控除/年 | 1,440,000円 |
| 社会保険料控除/年 ※1 | 719,500円 |
| 基礎控除（所得税） | 480,000円 |
| 基礎控除（住民税） | 430,000円 |

| | iDeCo加入時 | iDeCo未加入時 |
|---|---|---|
| 課税所得（所得税）※2 | 2,120,500円 | 2,360,500円 |
| 課税所得（住民税）※2 | 2,170,500円 | 2,410,500円 |
| 所得税額 | 114,550円 | 138,550円 |
| 住民税額 ※3 | 217,050円 | 241,050円 |
| 1年の軽減額 | | |
| iDeCoによる所得税軽減額 | 24,000円 | 0円 |
| iDeCoによる住民税軽減額 | 24,000円 | 0円 |
| iDeCoによる税制優遇額 | 48,000円 | 0円 |
| 25年の軽減額 | | |
| iDeCoによる所得税軽減額 | 600,000円 | 0円 |
| iDeCoによる住民税軽減額 | 600,000円 | 0円 |
| iDeCoによる税制優遇額 | 1,200,000円 | 0円 |
| iDeCoの積立総額 | 6,000,000円 | 0円 |

（出所）国民年金基金連合会「iDeCo公式サイト」（https://www.ideco-koushiki.jp/simulation/）

0万円の方の場合、他の所得控除の状況にもよりますが、「所得税・住民税率」を20％（復興特別所得税を除く）とすると、24万円×0・2＝4・8万円、年間4・8万円の節税ができることになります。

これを65歳まで継続したとすれば、4・8万円×25年＝120万円になります。

節税額のシミュレーションは、前ページの国民年金基金連合会が運営する**iDeCo公式サイト**（https://www.ideco-koushiki.jp/）や、NPO法人確定拠出年金教育協会が運営する**iDeCoナビ**（https://www.dcnenkin.jp/）というサイトで簡単にチェックできますので、ご興味のある方はチェックしてみてください。

このように、将来の老後に向けて年金の準備をしている現役世代の間も、大きな節税メリットを享受できるわけです。

## ◎節税効果② 運用益が非課税で再投資できる

**運用で得た定期預金の利息や投資信託の分配金などの運用益は非課税となり、そのまま再投資されるため、複利効果で投資元本が増えていきやすくなります。**

一般NISAやつみたてNISAも、運用益は非課税で受け取れますが、そのままでは再投資はされないので自分で指図する必要があります。また、非課税枠を使いますので「未使用の非課税枠の範囲」で、という制約があります。

## ◎節税効果③　受取時も控除がある

iDeCoの積立金は原則60歳以降になると受け取ることができます。受け取り方は、①年金、②一時金、③①と②の組み合わせと、3通りです。

年金として分割で受け取る場合は雑所得の扱いとなり、「**公的年金等控除**」の対象に、一時金として受け取る場合は退職所得の扱いで、「**退職所得控除**」の対象になります。退職所得は控除の割合が大きく、優遇されています。

**3つの受け取り方と税制優遇**

| 受け取り方 | 概要 | 税制優遇 |
|---|---|---|
| ①年金（分割）で受け取る | 5年〜20年の有期で期間を設定し、定期的に受け取る（終身年金として受け取れる商品もある） | 公的年金等控除 |
| ②一時金で受け取る | 75歳になるまでに一時金として一括で受け取る | 退職所得控除 |
| ③年金＋一時金で受け取る | 年金と一時金を組み合わせて受け取る | 公的年金等控除<br>退職所得控除 |

| iDeCoの給付の種類 | | | |
|---|---|---|---|
| 老齢給付金 | 障害給付金 | 死亡一時金 | 脱退手当金 |

7

長期投資だからこその注意点

# iDeCoにはデメリットもある

iDeCoに関する雑誌・書籍、ネット、金融機関の広告や説明などを見ると、前節の節税効果ばかりが強調され、デメリットの説明が十分になされていないと感じることが多々あります。

スタートした後で「こんなはずじゃなかった！」と後悔しないよう、デメリットもしっかり理解した上で検討しましょう。

## ◎デメリット① 原則60歳になるまで受け取れない

iDeCoは公的年金ではなく私的年金ですが、老後に備えた資産形成の制度として長期間の積立投資を想定して作られています。**一度拠出したら60歳になるまで原則として現金化はできません。**また、60歳から受け取りたい場合は、60歳到達前にiDeCoの**加入期間が10年以上**必要になります。10年に満たない場合は、加入期間に応じて受給開始年齢が繰り下げられます。

**加入期間等に応じた受給開始年齢**

| | |
|---|---|
| 10年以上 ➡ 60歳 | 8年以上10年未満 ➡ 61歳 |
| 6年以上8年未満 ➡ 62歳 | 4年以上6年未満 ➡ 63歳 |
| 2年以上4年未満 ➡ 66歳 | 1月以上2年未満 ➡ 65歳 |

※60歳以上で初めてiDeCoに加入した人は、加入期間が足りなくとも加入から5年を経過した日から受給できる。

（出所）厚生労働省「iDeCo公式サイト」

## ◎デメリット② 運用リスクがある

将来受け取る年金資産額は、**資産運用の成果によって変動**します。過去を見ても、長い運用期間の間には、リーマンショックやコロナショックのような暴落も起こりますし、長期にわたって世界の主要な株式市場が低迷したこともあります。

したがって、**運用商品や相場環境等によっては、次ページの図のように掛金の総額を下回る（元本割れ）可能性もないとはいえません。**

また、146ページのように毎月継続的に口座管理料や運用商品の管理費用等の手数料もかかりますので、使い方によっては高コストにもなり得ます。運用商品の選び方や手数料などのコストには、NISA以上に注意が必要です。

**受け取る年金資産額は運用成果で変動する**

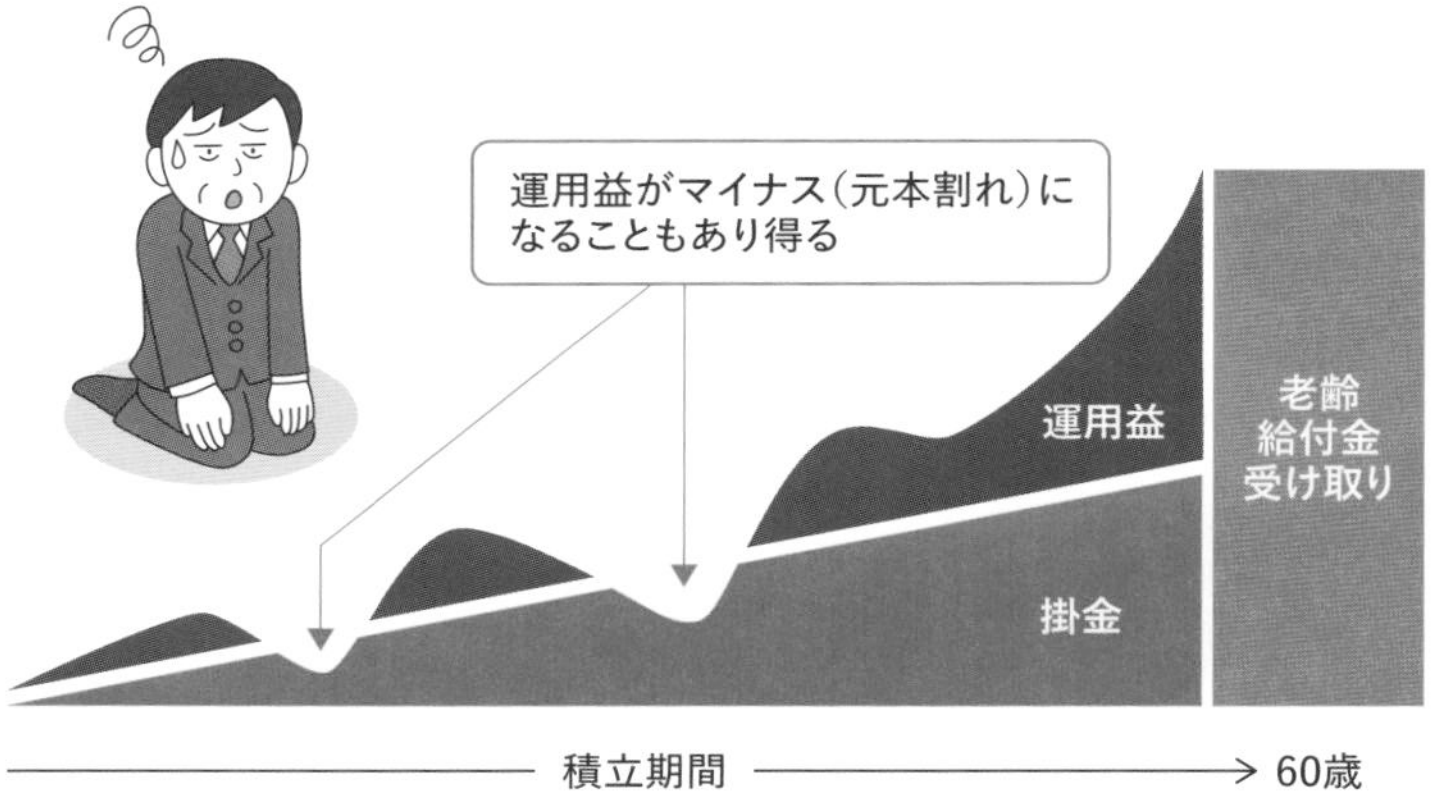


## ◎デメリット③ 税制変更リスク

iDeCoは老後資産の設計を想定したものであり、利用する場合は特に長期間の利用になります。

その間に税制が変更になれば、受取時の金額に影響を及ぼすことも考えられるため、**節税効果の縮小など税制が不利に改正されるリスクがある**ことも、頭の片隅においておくべきでしょう。

あまり注目されてはいませんが、iDeCoの積立金は本来であれば税制上課税対象となっています。これは「**特別法人税**」というのですが、現在はこの税金の課税が長年凍結されているため、課税されていない状態になっています。しかし廃止にはなっていないため、将来的に課税される可能性もゼロではありません。

ただ、これを課税すると、運用している人にとってはｉＤｅＣｏを利用するメリットが減退してしまいますし、厚生労働省も特別法人税を廃止する税制改正の要望を政府に出しています。

また、前節で説明したように、受け取り時の節税効果の恩恵は大きいですが、実際にこの恩恵を受けるのは長い期間運用をした後のことです。そのときには既にこのルールが変更されている可能性もないとはいえません。

私自身、こういったリスクがあったとしても、老後の資産形成に有用な制度と考えており、個人的にも利用しています。皆さんもしっかりメリットおよびデメリットを比較した上で、利用していただきたいと思います。

8

# つみたてNISAとiDeCo どっちを使う？

柔軟さならつみたてNISA、節税効果ならiDeCo

前節まで、2つの非課税制度のしくみと長所・短所を説明してきました。

## ◎結局どちらを利用したらよいか？

これは、まさに投資の目的次第です。

例えば、教育資金や住宅購入資金など、老後まではいかない範囲内での資産作りを想定するのであれば、柔軟な運用という意味ではつみたてNISAの方が適しています。

一方、老後資金のための資産作りであれば、60歳になるまで途中換金と資金の引き出しができないiDeCoの方が適しています。

ただし、iDeCoはしくみが複雑で運用の柔軟性には欠けるため、投資に慣れない間はつみたてNISAから始め、慣れてきたらiDeCoを始めるのもありでしょう。

というのも、**つみたてNISAとiDeCoは併用できる**からです。

148ページで、iDeCoの掛金の節税額のシミュレーションをしてみましたが、掛金の所得控除による節税分をつみたてＮＩＳＡの運用に回すというように考えれば、意外とつみたてＮＩＳＡとｉＤｅＣｏの併用も金額面では難しくはなさそうです。

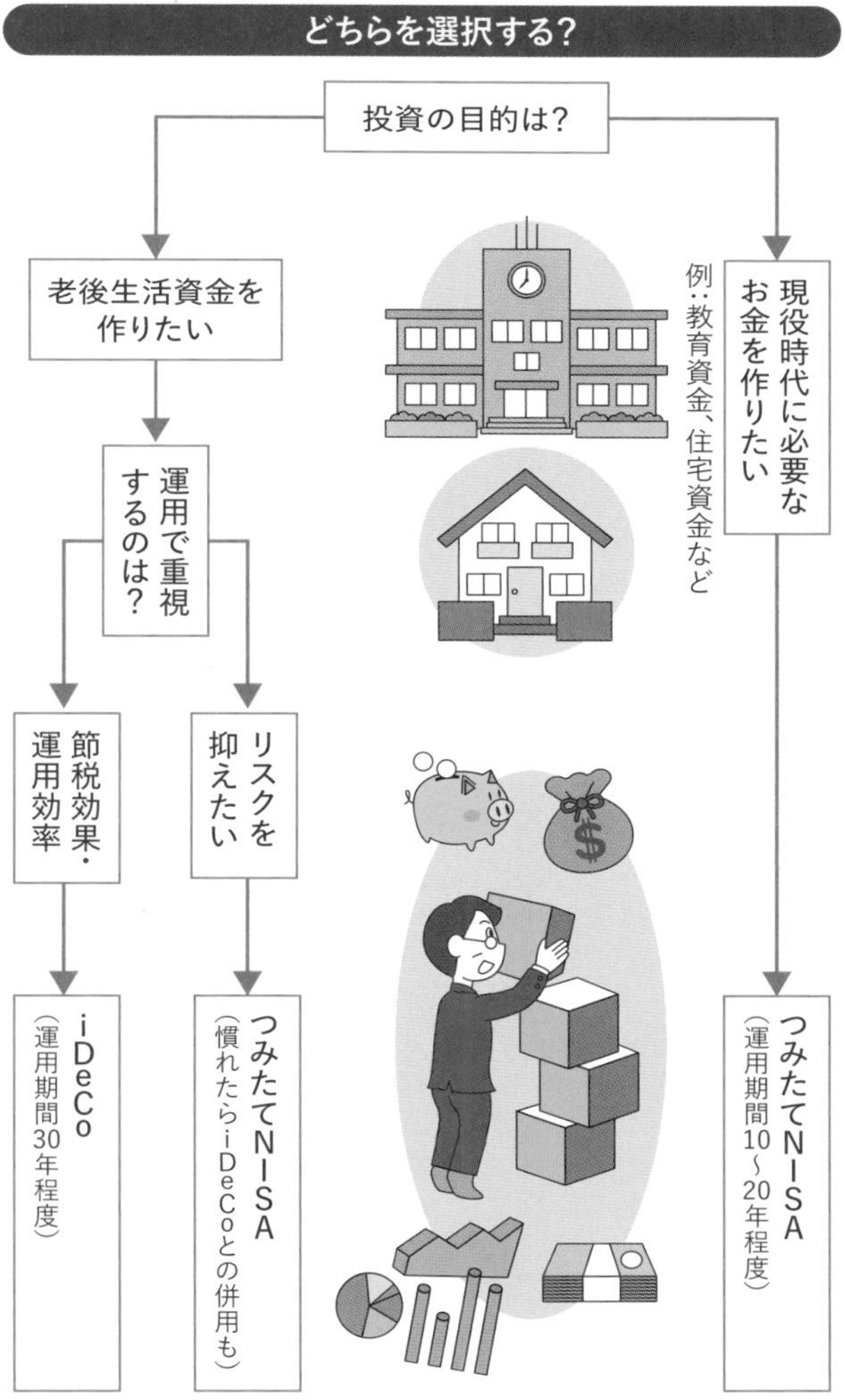

つみたてNISAの実践①

# 9 証券会社に口座開設して積立額を決める

以下、①証券会社を選んで口座開設する、②月々の積立額を決める、③運用商品を決める、について順に説明していきます。

## ◎口座開設する証券会社を選ぶ

証券会社を大きく分けると、対面型証券会社と**ネット証券会社**（以下、ネット証券と表記）の2つがあります。

結論的には、投資初心者はネット証券がお勧めです。一般的に対面型証券は店舗や多くの人員を抱えているため、サービスが比較的高コストです。一方、ネット証券は店舗がなく人員も限られているため、サービスが全般的に低コストです。

ネット証券は店舗はありませんがコールセンターがあるので、困ったことがあればそこで電話でも相談することができます。

ネット証券もたくさんありますが、特にこだわりがなければ、**ネット証券大手のSB**

**I証券や楽天証券**などがお勧めです。この2社はサービスが各方面で充実していて、特に大きな穴はありません。また、多くのグループ会社や提携会社があり、そのサービスを併用すればさらにお得に利用することができます。

例えば、SBI証券なら、三井住友カードで積立投資をすると、積立額や投資信託の保有額に応じてポイントがもらえますし、楽天証券では楽天会員の方であればよりお得で、楽天カードなどの楽天グループのサービスを組み合わせて利用することでポイントがもらえます。

なお、いろいろなサービスを組み合わせてたくさんのポイントを獲得する「ポイ活」のテクニックがあるようですが、ポイント獲得の条件は会社がルールを変更すれば変わってしまいます。ポイント獲得のために複雑なことをすれば、かえって投資に手間がかかることもありますので、ほどほどにしておいた方がよいでしょう。

## ◎証券会社で口座開設をする

通常の口座開設手続きの際に、NISA口座も併せて開設もできます。

具体的には、127ページで説明したように、「**特定口座（源泉徴収あり）**」とNISA口座のうちの「**つみたてNISA**」を選べばOKです。

## ネット証券で口座開設（楽天証券の例）

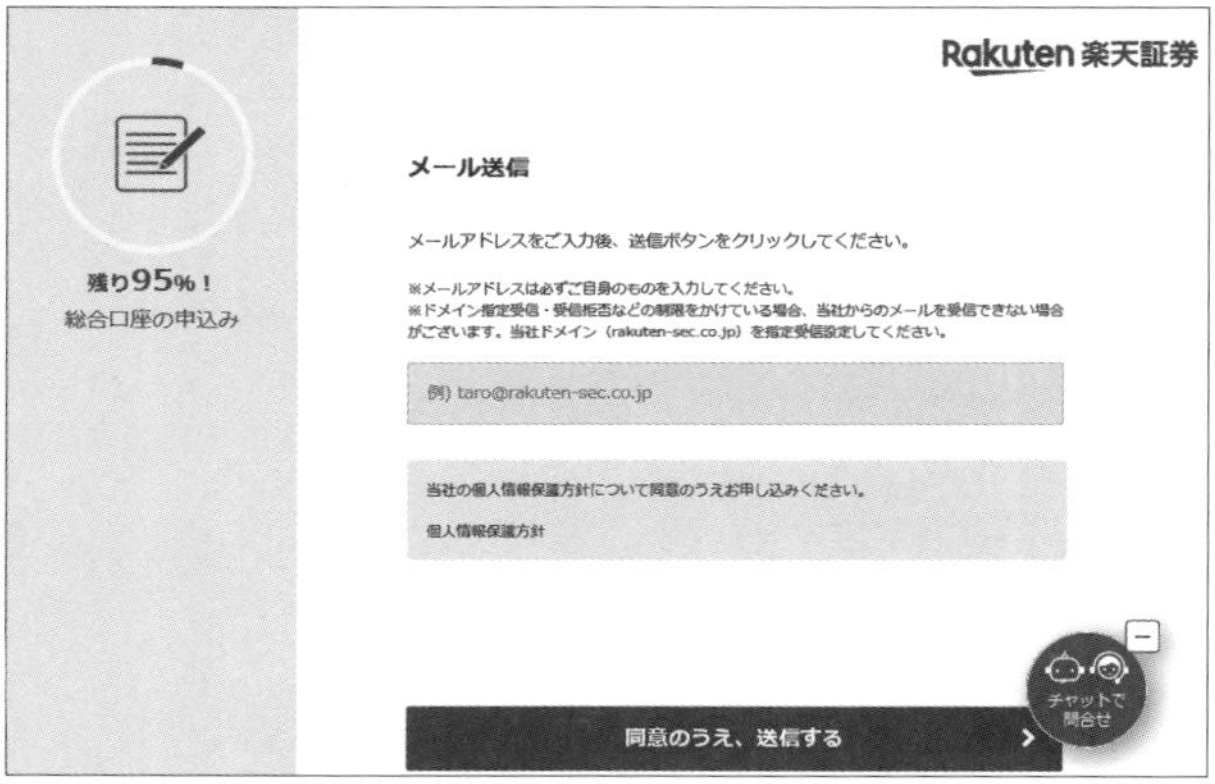


（出所）楽天証券HP（https://www.rakuten-sec.co.jp/）

口座開設手続きの流れは、どの証券会社でも概ね次の通りです。まずメール登録をする場合が多く、画面の指示に従ってやれば大丈夫です。

**①証券会社のHPでメールアドレス登録して口座開設を申し込む**

**②氏名などの個人情報入力と本人確認書類の提出（郵送のほかアップロードでも可能）**

**③後日送付されるログインIDでマイページにログイン**

本人確認書類は、スマホで写真撮影して提出すれば足ります。加えて、銀行口座と違って**マイナンバー**も必要になります。普段あまり手にしないので、マイナンバーを確認できる書類もあらかじめ手元に用意しておいた方がいいでしょう。

審査完了後に**ログインID**がメール送信もしくは郵送されます。時期によっては少し時間がかかる場合もあるので、余裕をもって手続きするのがお勧めです。

口座開設後は、ご自身で取引画面にログインして利用開始です。

会社から送られたログインＩＤとご自身で設定したパスワードは、忘れないようにメモしておいてください。

## ◎月々の積立額決める

次に積立額を決めます。そのために必要なのは以下の3点です。

①投資の目的と目標金額を決める
②目標達成に必要な毎月の積立額を決める
③積立額が妥当な金額かチェックする

### ●投資の目的と目標金額を決める

投資はあくまで目的を達成するための手段です。手段から入るのではなく、最初に目的を決めましょう。

もし、あなたが東京に住んでいて旅行に行くとしたら、どのように考えますか？きっと、いつどこに行くかを先に決めるはずです。このときにまず新幹線に乗ろうか、それとも飛行機に乗ろうか、というふうには考えないでしょう。

投資で目的を考えずに商品選びから入るのは、実はこれと同じです。投資では思わずやってしまいがちなので、注意してください。

投資の目的が決まったら、次は目標金額を決めましょう。目標金額とは、目的を達成するために、**いつまでにいくら必要かを決める**ということです。

例えば、投資の目的がお子さんの大学入学資金の場合で考えてみます。

お子さんは小学2年生（8歳）だとしたら、大学に入学するまでにちょうど10年です。大学はどこに進学するかはわかりませんが、仮に4年生の私立大学に通うとした場合、500万円かかると考えたとします。この場合、**10年間で500万円を投資で貯めるというのが目標**になります。

なお、投資の目的によってはいくら必要なのか、まだはっきりしないというケースもあるでしょう。その場合は、一般的な平均値を目安にするのも1つの方法です。

## 手取りに占める一般的な貯蓄・資産運用の割合（概算）

収入

| | |
|---|---|
| 年収 | 5,000,000円 |
| 社会保険料 | 62,500円 |
| 所得税・住民税 | 31,500円 |
| 月当たりの手取り額 | 320,000円 |

家計管理

| | |
|---|---|
| ①水道光熱費・食費など | 192,000円（60%） |
| ②貯蓄・資産運用 | 64,000円（20%） |
| ③学習費・娯楽・家族旅行など | 64,000円（20%） |
| 計 | 320,000円（100%） |

### ●目標達成に必要な毎月の積立額を決める

毎月の積立額の考え方としては、毎月の手取り額（手当込みの給料から税金や社会保険料を差し引いた金額）の20％以内が目安です。

家計管理の考え方として、①日常生活を営む上で必要となるお金（水道光熱費、食費、住居費など）に60％、②貯金・資産運用に20％、③自分や家族の将来のために使うお金（学習費、スポーツジム、娯楽、家族旅行など）に20％というのが一般的な考え方です。

ただ、厳密には人によってまた時期によってこの金額は変わってきますので、１つの目安として考えてください。

例えば、手取りが32万円としたら、月に投資に回せる金額は最大で6・4万円です。つみたてＮＩＳＡの場合上限は年40万円なので、月額では約3・3万円が上限になります。

## ●積立額が妥当な金額かチェックする

最後に、毎月の積立額が妥当かどうかのチェックです。

一般的に株式インデックスファンドの年間の利回りは3～5%程度です。自分の投資の目標金額がこの利回りで現実的に達成可能なのかどうかをチェックします。

その計算式は次の通りです。

**目標金額＝年間の積立金額×積立年数×運用利回り**

このように、目標金額を上記の3つの計数に分けて考えます。これはネットで「**金融電卓**」と検索すれば、いろいろ出てきます。SBI証券やモーニングスター社などの金融電卓を使うと便利です。金融庁のHPなどにもあります。

先ほどの例でいえば、仮に毎月3万円を10年間投資に回して500万円を貯めると考えた場合、それは妥当なのでしょうか？

金融電卓で計算すると、利回り（年率）が6・4%必要となりました。5%を超えており、これは残念ながら現実味に欠けるプランであることがわかります。

**このように金融電卓でシミュレーションすれば、運用のプランが妥当かどうか投資を始める前に検討できます。**そういう意味でも事前に、投資の目的と目標金額を具体的に

## 金融電卓で利回りをシミュレーション（SBI証券）

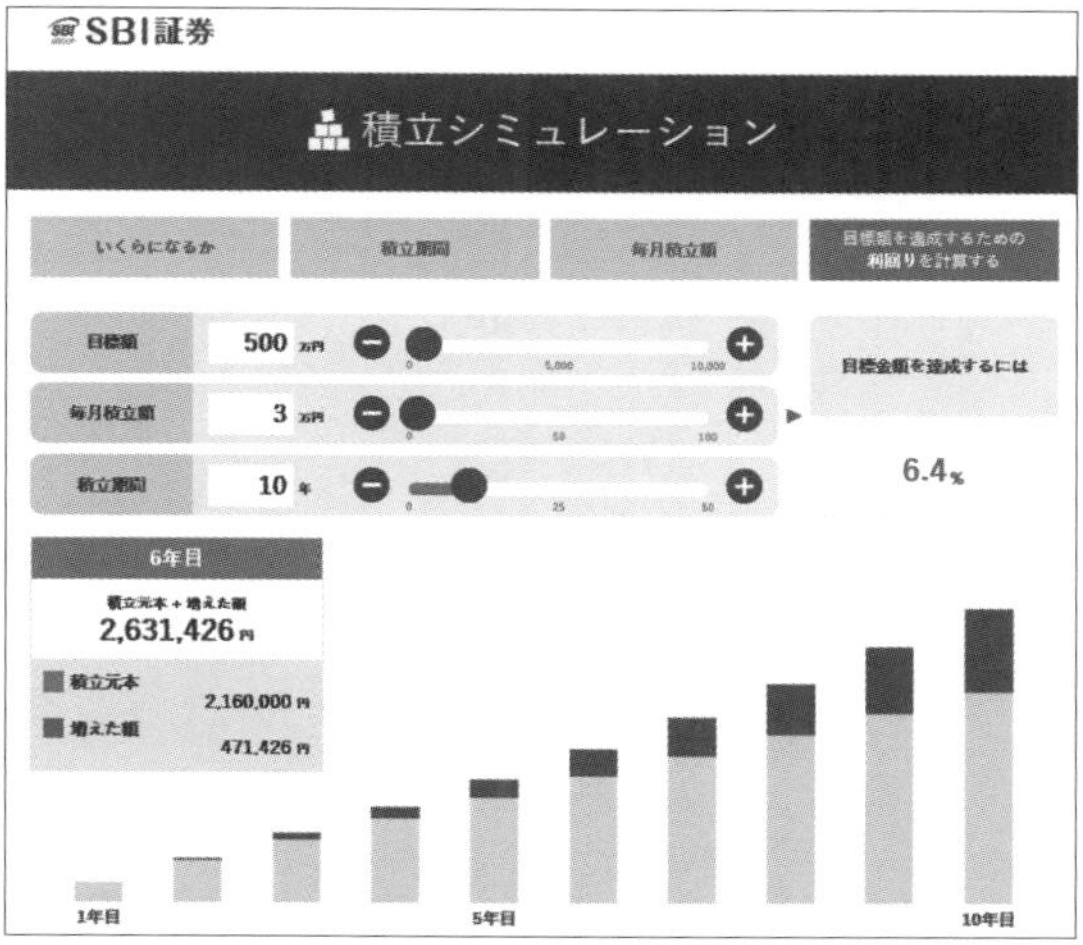


（出所）SBI証券HP（https://www.sbisec.co.jp/）

決めることが大切です。

この例の場合は、想定利回りをもう少し低く見積り、毎月の積立額を変更するか、目標金額を下げるかの検討が必要でしょう。

仮に児童手当を貯金に回すなどして、100万円は貯金できそうだから、目標金額を400万円に変更したとします。

これもシミュレーションすると、必要な利回りは2・1%となり、3%を下回りました。このケースなら現実味のあるプランになります。

このように、達成可能な投資プランになるように調整していきます。

10

つみたてNISAの実践②

# 運用商品を選んで運用を開始する

次はいよいよ最後に商品を選びます。その流れは以下の3ステップです。

## ◎投資する投資信託のタイプを決める

投資信託の基本は2章でも説明しましたが、投資信託には大きく2種類あります。

**・インデックスファンド：日経平均など特定の指数と連動するように設定された投信**
**・アクティブファンド：運用担当者の方針で選定した金融商品に投資する投信**

このうち**投資初心者が選ぶべきはインデックスファンド**です。こちらの方が商品性もシンプルで、低コストで運用できるので、長い目で見るとアクティブファンドよりも運用成績がよいのが普通です。

次に、どの資産に投資するかを決めます。

## 主なインデックスファンドのタイプ

| | |
|---|---|
| **①国内株式型**<br>・TOPIX型（東証株価指数）<br>・日経225型（日経平均株価）<br>・JPX日経400型（JPX日経400指数）<br>など | **②国内債券型** |
| **③海外株式型**<br>・先進国株式型（MSCIコクサイ指数）<br>・新興国株式型（MSCIエマージング指数）<br>・全世界株式型（MSCIオール・カントリー・ワールド指数）<br>・米国株式型（S&P500種株価指数）<br>など | **④海外債券型** |

※他にも、国内REIT型、海外REIT型、バランス型というタイプなどもあります。
※（　）内は、連動を目指す対象となる代表的なインデックス

インデックスファンドの場合、主に上記の4タイプがあります。

一般的に収益性でいえば、債券型より株式型、国内型より海外型の方が上な分、価格変動のブレが大きくなります。この点、特にこだわりがなければ**海外株式型**のファンドがお勧めです。

経済が成長したときに価格が上昇する金融資産の代表は株式です。インデックスファンドはつみたてＮＩＳＡ対象のファンドでも国内型のタイプが多いのですが、分散投資という観点からは日本という一国に集中して投資をしない方が無難です。

外国の株式だと、多少値動きは大きくなります。ただ、インデックスファンド

は特定の指数に連動した値動きをするため、実質的に複数株式に分散投資をしているのと同じです。収益性を狙いながらもある程度のリスク分散はされています。海外株式型をさらにタイプ分けすると、**先進国型**、**新興国型**、**全世界型**といったタイプがあり、先進国型の中には**米国株**のみに投資するタイプもあります。一般に新興国型の方が値動きは大きく、ハイリスク・ハイリターンといえます。

また、インデックスファンドには、前ページの図の4タイプ（**国内REIT型・海外REIT型**も入れた6タイプもあります）の指数をミックスした「**バランス型**」と呼ばれるものもあります。

債券にも投資するので海外株式型よりもリスクを抑えることができ、これを選ぶのも1つの方法です。ただ、ミックスする分運用に手間がかかるため、手数料が高い商品もあり、その点は注意してください。

## ◎同タイプのファンドを比較する

選ぶ投資信託のタイプが決まったら、次に同じタイプの投資信託の間で比較して1つのものを選びます。比較のポイントは以下の3点です。

①過去3年間の運用成績
②純資産総額（ファンドの規模）
③運用コスト

なお、該当の商品は、口座開設した証券会社のサイトやモーニングスター社のサイトなどでチェックできます。

**①過去3年間の運用成績を比較する**

同種間でも、過去の運用成績が優れている投資信託を選びます。

インデックスファンドの場合は、特定の指数に連動した値動きを目指すため、アクティブファンドと比べて同種のファンド間では大きな差はありません。ただ、それでも多少の差はあり、長い目で見ればその差が大きな運用益の差につながってきます。

過去の成績が良好だったからといって、未来もそうだという保証はありません。ただ、運用会社の**運用状況**をチェックすることは必要です。

**②純資産総額（ファンドの資産規模）を比較する**

同じタイプのインデックスファンドでも運用資産の規模は違います。同種間で比較し

## 投資信託の主な3つのコスト

| | |
|---|---|
| 販売手数料 | 購入時にかかる手数料（つみたてNISAでは無料） |
| 運用管理費用（信託報酬） | 保有中に運用経費として信託財産から毎日差し引かれる手数料 |
| 信託財産留保額 | 解約時にかかる手数料 |

て、純資産総額の小さいものは避けた方が無難です。

なぜなら、**規模が小さすぎると途中償還（運用会社が運用を中止し、ファンドを解散して現金化し、投資家に返還すること）されるおそれもある**からです。

運用会社からすると、ある程度まとまった資産規模で運用しないと利益になりません。実際に投資を募集して運用を開始したものの人気がなく、想定したような金額が集まらないまま短期間で償還となるファンドも少なくありません。

具体的には、同種の他のファンドと比較してケタが1つ小さいようなものは避けた方がよいでしょう。

**③運用コストを比較する**

投資信託には主に上記の3つのコストがかかりますので、**低コスト商品**を選びましょう。

この点、つみたてNISAでは、購入時の手数料は全て無料です。また信託財産留保額もそこまで大きな金額ではありません。問題は**運用管理費用（信託報酬）**です。

株式や債券だと売買するときにしか手数料はかかりません。投資信託はプロに運用を任せる分、そのコストとして運用期間中も手数料がかかります。それが運用管理費用（信託報酬）です。

長期間の運用になれば、この費用も「チリも積もれば山となる」で、小さなコストの違いがゆくゆくは大きな運用益の差となって表れます。

## ◎ファンド選択の具体例（楽天証券の場合）

楽天証券を例にとって説明します。

ホームページに「つみたてＮＩＳＡ」という項目があり、ここから条件を指定して投資信託を選ぶことができます。楽天証券のつみたてＮＩＳＡ対象の取り扱い本数は１８２本（２０２２年10月25日時点）となっています。

「**投信スーパーサーチ**」を使い、そのうち日本や北米など特定の国ではなく、グローバル株式に投資するインデックスファンドを選んで検索すると、29本出てきました。

ファンド名をクリックすると、運用成績など詳しいファンド情報が一覧できます。

## スクリーニング機能で候補を検索（楽天証券）

（出所）楽天証券HP（https://www.rakuten-sec.co.jp）

## 海外株式型インデックスファンドの候補

・eMAXIS Slim先進国株式インデックス
・〈購入・換金手数料なし〉ニッセイ外国株式インデックスファンド

全世界株式型
・eMAXIS Slim全世界株式（除く日本）
・楽天・全世界株式インデックス・ファンド

この中から、①過去3年間の運用成績、②純資産総額(ファンドの規模)、③運用コストを比較すると、さらにいくつかの候補に絞られてきます。すると、海外株式型で先進国株式に投資する「eMAXIS Slim 先進国株式インデックス」など、前ページに揚げたようなファンドが候補として挙がってきます。

このように、証券会社のスクリーニング機能で条件を指定し商品を絞っていくと、ある程度、選ぶ投資信託の候補が絞られてきます。

## ◎選んだ投資信託の商品性やリスクを確認する

例えば、一番上の「**eMAXIS Slim 先進国株式インデックス**」が気になった場合、次ページのように個別のファンド情報を表示して見てみます。スクロールすると、画面の下の方には「詳細情報」や基準価額と分配金の推移なども詳しく載っています。

さらにこの画面から運用会社の発行する「**月次レポート**」や「**目論見書**」も見ることができます(赤線で囲んだ部分)。目論見書はファンドの重要事項を記したもので、①商品性(特色)、②リスク、③コストをチェックするのがポイントです。

まず、175ページの目論見書で「**ファンドの目的・特色**」をチェックしてみると、ど

## 詳しいファンド情報を表示（楽天証券）

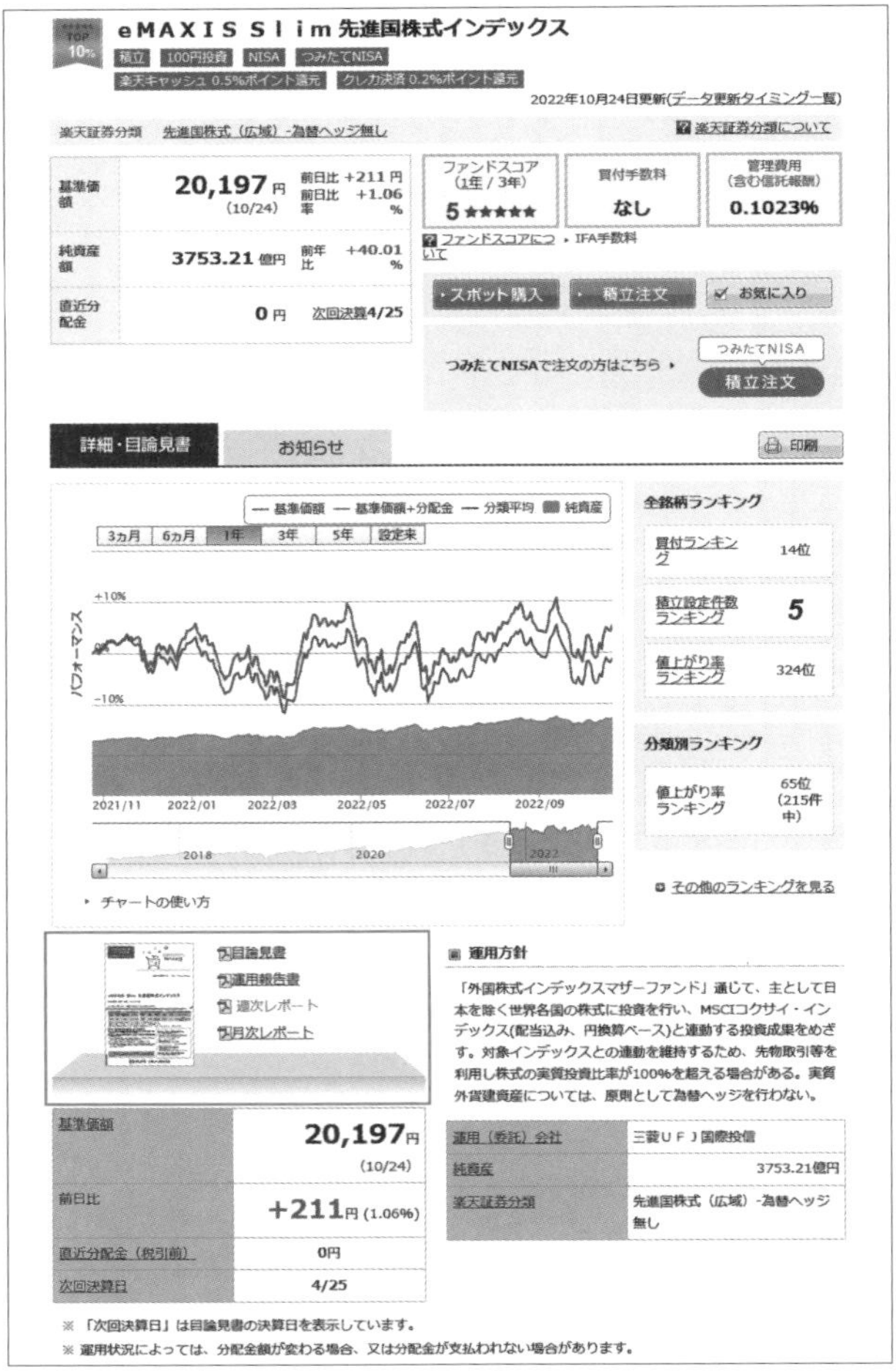


（出所）楽天証券HP（https://www.rakuten-sec.co.jp）

## 目論見書の例（eMAXIS Slim先進国株式インデックス）

# ファンドの目的・特色

### ファンドの目的

**日本を除く先進国の株式市場の値動きに連動する投資成果をめざします。**

### ファンドの特色

**特色1　MSCIコクサイ・インデックス（配当込み、円換算ベース）と連動する投資成果をめざして運用を行います。**

- MSCIコクサイ・インデックス（配当込み、円換算ベース）をベンチマーク（以下「対象インデックス」という場合があります。）とします。
- ファンドの1口当たりの純資産額の変動率を対象インデックスの変動率に一致させることを目的とした運用を行います。

**<運用プロセスのイメージ>**

**ステップ1：投資対象ユニバースの作成**
ベンチマーク採用銘柄を主要投資対象とします。

**ステップ2：ポートフォリオ案の作成**
モニタリング結果に加えて、ファンドの資金動向やベンチマーク構成の変動などを考慮してポートフォリオ案を作成します。

**ステップ3：売買執行**
売買執行の際には、売買コストの抑制に留意します。

**ステップ4：モニタリング**
一連の投資行動を分析し、その結果をポートフォリオに反映することで、運用の継続的な改善に努めます。

上記の運用プロセスは変更される場合があります。また、市場環境等によっては上記のような運用ができない場合があります。

「運用担当者に係る事項」については、委託会社のホームページ（https://www.am.mufg.jp/corp/operation/fm.html）でご覧いただけます。

**<対象インデックスの国・地域別構成比率>**

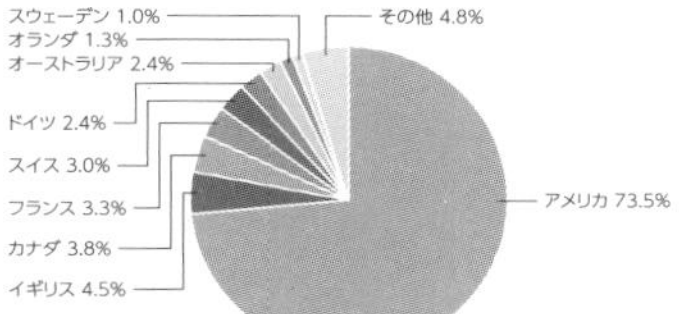


| 国・地域 | （22カ国・地域） |
|---|---|
| アメリカ | イタリア |
| イギリス | スペイン |
| カナダ | シンガポール |
| フランス | フィンランド |
| スイス | ベルギー |
| ドイツ | ノルウェー |
| オーストラリア | イスラエル |
| オランダ | アイルランド |
| スウェーデン | ポルトガル |
| 香港 | ニュージーランド |
| デンマーク | オーストリア |

・四捨五入の関係で上記の数字を合計しても100%にならない場合があります。
・MSCI Inc.のデータを基に三菱UFJ国際投信作成（2022年3月末現在）

（出所）「eMAXIS Slim先進国株式インデックス 投資信託説明書2022.7.23」（三菱UFJ国際投信）より抜粋

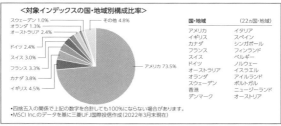

んなインデックスを連動対象にしているのかが書いてあります(赤線で囲んだ部分)。このファンドの場合は、先進国株式の代表的インデックスである「**MSCIコクサイ指数**」となっています。また、投資をしている地域の大半がアメリカで、日本は除いていることもわかります。

これを見てみて、もっといろいろな地域に分散した投資信託の方がいいかもと感じる方もおられるかもしれませんが、**経済規模・株式市場の規模から見て先進国（世界）の中でもアメリカが圧倒的に大きいので、それを反映している**といえます。

ページをめくると、「**投資リスク**」も載っています。リスクの種類とその内容は必ずチェックしてください。また、**ファンドの年間騰落率**も記載があり、最悪どれくらい年間で下がる可能性があるのか、目安を確認できます。56・1%〜▲11・7%（2017年5月末〜2022年4月末）となっていますが、過去の例であってそれ以上に下がる可能性がないとはいえません。あくまで目安として考えてください。

コストについても、手数料は購入時、保有時、売却時のうち**保有時のみ運用管理費用（信託報酬）がかかる**ことがわかり、その内訳も書いてあります。どんなファンドでも、手数料は必ずチェックしておきましょう。

iDeCoの実践

11

# 金融機関に口座開設して運用を開始する

iDeCoの場合も口座開設や運用など、基本はつみたてNISAを利用する場合と同じですので、つみたてNISAと異なる部分を中心にお伝えします。

## ◎金融機関を選んで口座開設する

iDeCoの場合も、証券会社や銀行など約160の運営管理機関（金融機関）から1社を選びます。次の3点が選択のポイントになりますが、これらはNPO法人確定拠出年金教育協会が運営する「**iDeCoナビ**」などでかんたんに比較ができます。

①商品ラインナップ
②iDeCo利用時のコスト
③加入者向けサポート

**商品ラインナップ**は、収益性を狙える商品からリスクを抑えながら手堅く運用できる商品まで、幅広く揃えている会社がお勧めです。iDeCoは引き出し可能になるのは

## iDeCoナビで金融機関をざっくり比較

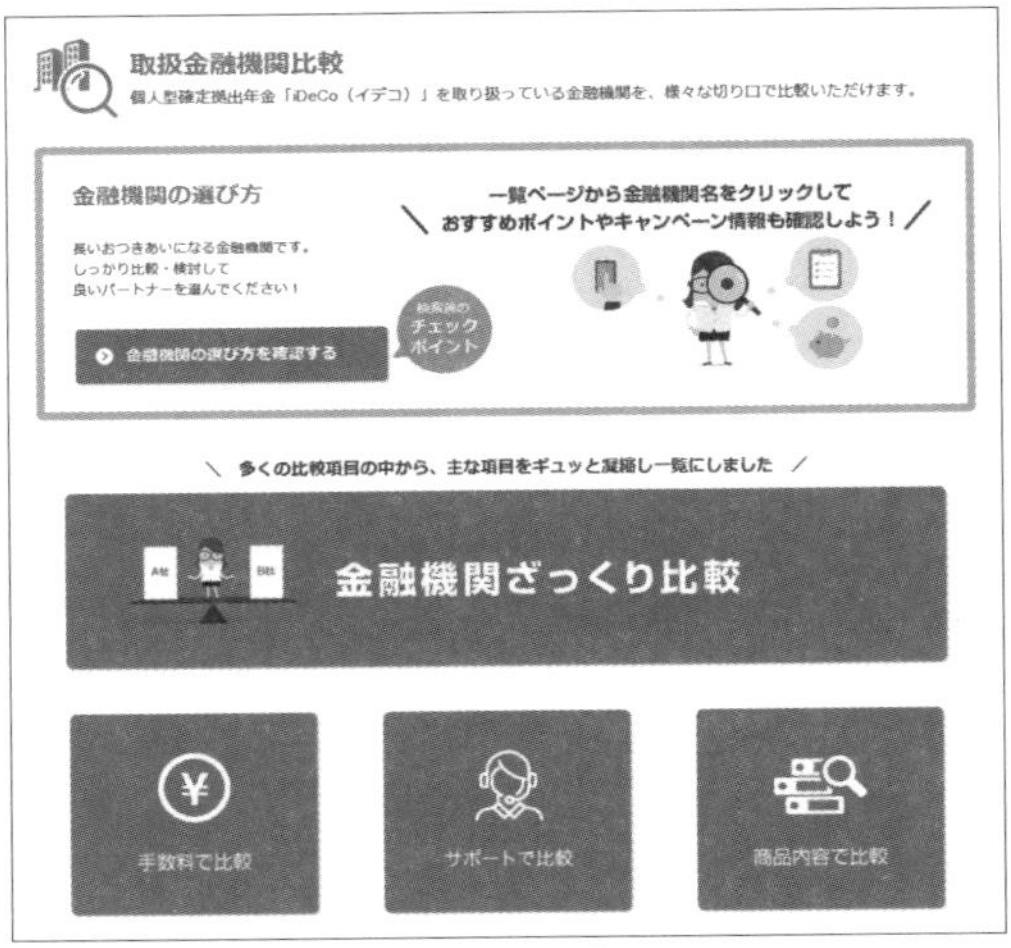


（出所）iDeCoナビ（https://www.dcnenkin.jp/）

60歳以降と、特に長期投資になります。若い頃とシニアになってきた時期とでは、運用の方針も変わってくるからです。

**iDeCo利用時のコスト**は特に大切です。ｉＤｅＣｏの場合、１４６ページの通り、つみたてＮＩＳＡ以上に手数料がかかります。最低でも毎月１７１円かかり、運営管理機関によっても増減があります。このコストはできる限り少ない方が効率のよい運用ができます。

**加入者向けサポート**は、制度その他不明な点のサポートが充実しているかという部分が大事です。取引サイトは見やすいか、コールセンター

## 個人型年金加入申出書と事業主の証明書

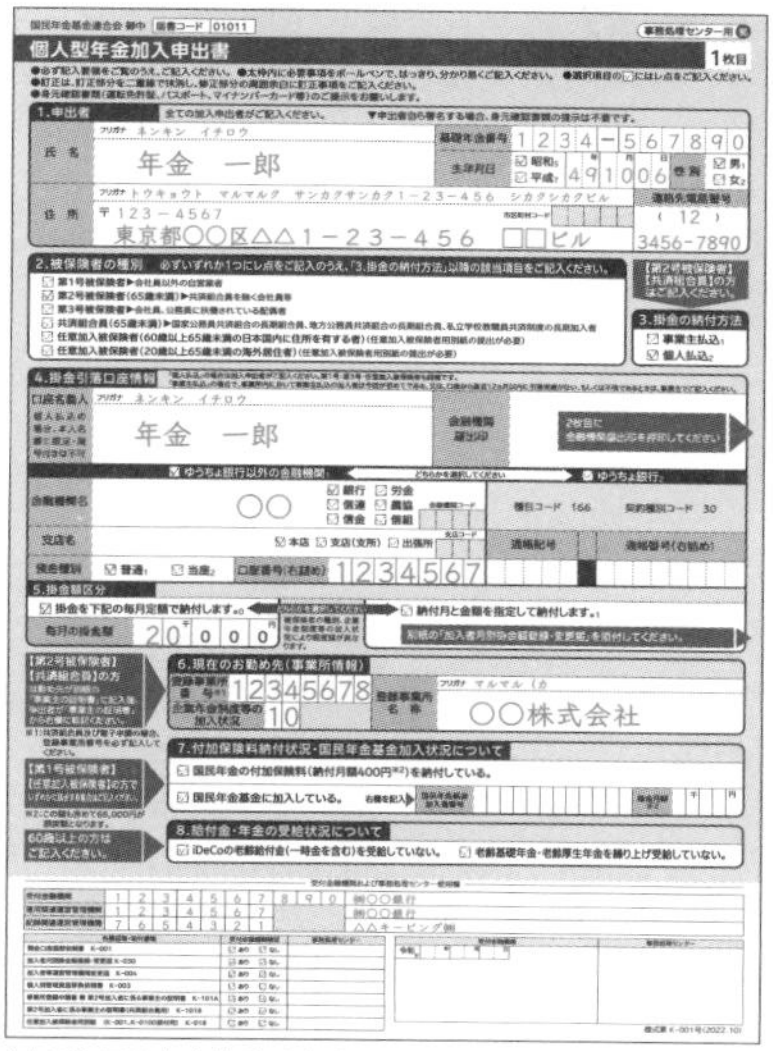


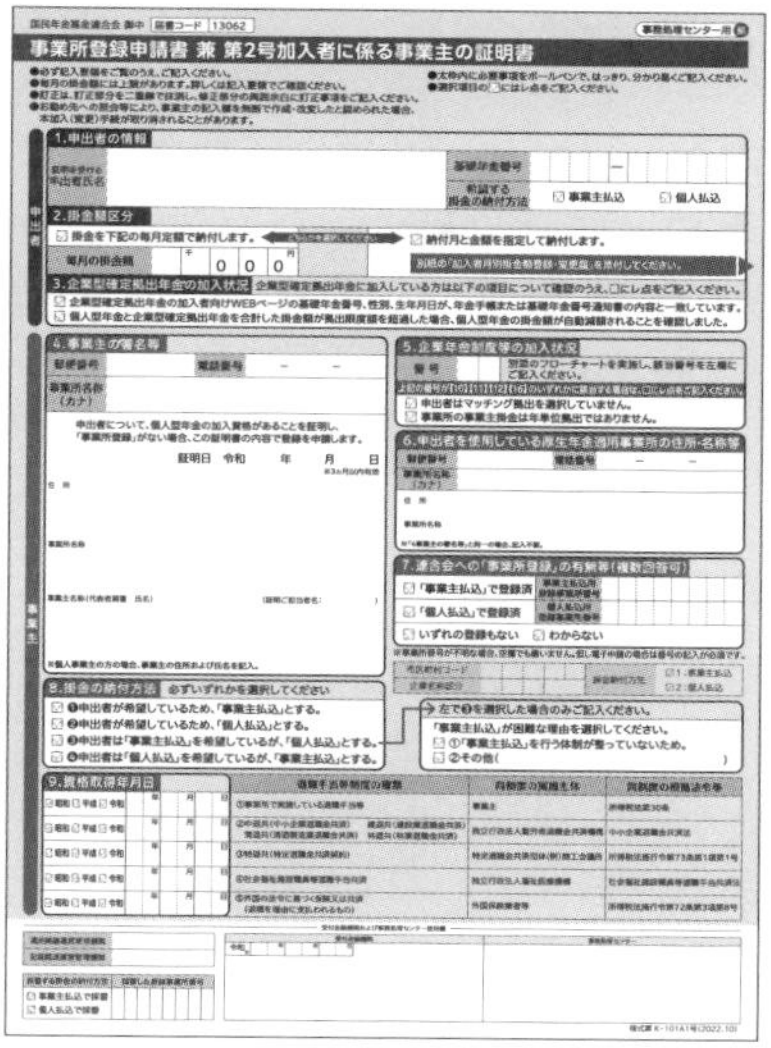


（出所）国民年金基金連合会

はいつ何時までやっているかなどもチェックしてみましょう。

### ◎口座を開設する

iDeCo口座を開設する金融機関を選んだら、必要書類をその会社から入手します。書類が届いたら「**個人型年金加入申出書**」に記入して返送します。

特定口座などの口座開設と異なるのは、会社員や公務員の人は申出書の他に、加入資格があることを証明する「**事業所登録申請書 兼 第2号加入者に係る事業主の証明書**」**を勤め先の担当者に記入してもらう**ことです。

その理由は、個人型年金では第2号被保険者は全て厚生年金保険の適用事業所である勤務先に紐付けられるため、第2号被保険者がiDeCoに加入する際は、勤務先は国民年金基金連合会へ**事業所登録**を行う必要があるからです。これも一緒に返送します。

なお、iDeCo加入には、国民年金基金連合会の審査などのため手続完了まで1ヵ月～2ヵ月程度かかります。この点にも注意してください。

## ◎月々の積立額を決める

iDeCoの場合、145ページのように職業（国民年金の被保険者種類）によって**毎月の掛金上限額**が決まっています。お勤めの人であれば、月1～2万円程度になります。この金額が家計を圧迫しないかも忘れずにチェックしましょう。

その後はつみたてNISAと同様に、投資の目的（老後資金）と目標金額を決めてから165ページで説明した「金融電卓」などを使って、**投資利回り（年率）など投資のプランに現実味があるかどうかをチェックします。**もし無理があるようなら、何度か調整していきます。

このとき、148ページで紹介した「節税額のシミュレーション」も併せて行うとよいでしょう。

## ◎運用商品を選ぶ

iDeCoの場合、つみたてNISAほど商品数は多くはありません。**各社が長期投資に適した商品として厳選した30〜40本程度のラインナップ**となっています。投資信託のタイプを選べば候補商品は1〜5本くらいには絞れますので、それらから運用商品を選びます。投資信託のタイプや商品性の見方はつみたてNISAと同じですから、166ページ以下や2章を参考にしてください。

投資信託はインデックスファンドが多くなっていますが、**アクティブファンド**もあります。中には、つみたてNISAにはない高コストな投資信託もありますから、手数料のチェックは特に注意してください。

また、iDeCoには投資信託以外に「**定期預金**」といった**元本確保型商品**があるのも大きな特徴ですが、原則としてこれらの商品を選ぶ意味はほとんどありません。iDeCoの場合、掛金が所得控除になるため、ほとんど増えない元本確保型を選択しても実質的には手堅い投資になるという専門家もいなくはありません。

それも1つの見方ですが、それだけの理由で原則60歳まで引き出し不可のiDeCoに資金を投資するのが合理的かといわれると、個人的には疑問を感じるところです。

## 12



# 長期投資の見直しとリスク管理

4章は「資産形成の投資」の実践を解説してきました。いわば本番の投資です。投資した後の振り返りとリスク管理は「学びの投資」よりも重要になります。

タイミングとしては、投資を始めたばかりの頃は1週間に1回程度、慣れてきたら月に1回程度は行うようにしてください。

## ◎投資した後の振り返り

投資の振り返り方法は3章と同じですが、4章ではインデックスファンドを使った投資が中心となります。

おそらく色々な資産対象の指数の動きを見て、世界経済の動向などに関心を持つ人も出てくると思いますが、どういう経済情勢のときにどの資産の価格が上がるのか下がるのかも、続けていくうちにだんだん予想がつくようになってきます。

## ◎暴落したときはどうするか？

資産が大きく下がったときは、あわててしまいがちですが、こういうときこそ冷静に考えることが大切です。

結論から書くと、急落しても基本はそのまま持ち続けるのが正解です。

投資環境としてはもうだいぶ長いこと好調な時期が続き、この10年間くらいは運用成績がかつてないほどよい時期でした。しかし、今後もこの調子で資産が伸びていくかといわれるとそうとは限りませんし、今後大きく資産が急落する場面はあるものと考えておいた方がいいでしょう。

ただ、急落したら逆に回復も早いというのは、過去の歴史が物語っています。例えば、２０２０年春に**コロナショック**による世界的な株式市場の急落がありましたが、各国が金融緩和を含む経済対策を取ったこともあり、回復も意外に早かったのです。急落したタイミングであわてて売ってしまうと、結果的に損をするケースがほとんどです。

次のページは、米国の代表的な株価指数である「**S&P500インデックス**」の推移です。過去20年で見ると、全体的に右肩上がりで伸びていますが、一時的には大きく下がっている時期もあります。しかしその後は回復しています。

**S&P500インデックスの推移（月足）**

この10年は比較的好調だった時期ですが、もっと遡れば2008年9月の**リーマンショック**でも、急落の後に回復してきたことが確認できます。

世界経済は短期的には後退することがあっても、長期で見れば成長していくというのが資本主義社会のベースにあります。ですから、**長期投資では資産価格が急落しても基本的にはそのまま持ち続ける**のが定石です。

## ◎資産見直しの3つの着眼点

売却しない＝資産状況のチェックは不要というわけではなく、こういう時期には資産状況の見直しはいつも以上に必要です。

具体的には、①保有中の投資信託そのも

のに問題はないか、②金額面は問題ないか、③ポートフォリオに問題はないか、の3点です。

これまでの話は、一般的な投資信託を保有しているケースの場合です。そもそも保有中の投資信託があまり分散投資をしないタイプだったり、純資産総額が小さすぎるなど運用状況に問題がある場合は、その商品の保有そのものを見直す余地があります。

## ●保有中の投資信託のチェック

自分の保有中の商品と同種の商品との運用成績を比べてみましょう。

例えば、海外株式型の「先進国株式に投資するインデックスファンド」を保有しているとします。そして、同種のファンドに比べ、運用成績が長期間劣後していたとします。

その場合は一時的な現象というより、商品そのものに問題がある可能性があります。同じインデックスとの連動を目指すタイプであれば、基本的に大きな値動きの差はないはずです。ただ、手数料や投資信託に組み込んでいる具体的な銘柄の差などにより、運用成績が同種のものより劣後するケースも稀にあります。こういったケースでは、**他のファンドに乗り換えることも検討した方がいい**でしょう。

**●投資している金額のチェック**

金額面での調整方法としては、預貯金等も含めた**全保有資産における投資金額の割合の見直し**があります。

買付のタイミングで、商品の持つ投資リスクも意識してきちんと選んでいれば、問題は選んだ商品ではありません。

例えば、トータル300万円を運用していて、それが10％下がって270万円になったとします。これは一般的にはあり得る資産価格の減少です。これが「耐えられない」と感じるようであれば、それは商品のリスクというよりも、運用中の300万円という資産額が、その人にとっては過大にすぎる可能性があります。

そこで、積み立てで買付しているなら、**一旦停止して毎月の積立額を見直す**ことも選択肢の1つです。

**●ポートフォリオのチェック**

ポートフォリオとは簡単にいえば、**運用資産の組み合わせ（内訳）**です。

金額面が過大でなくても下がったときに「耐えられない」と感じるのであれば、ポートフォリオに問題がある可能性があります。つまり、**価格変動のブレが自分にとっては**

**大きすぎる**ということです。

例えば10万円投資をしていて、それが8万円に下がったとします。この場合、トータルの投資金額も損失額も大きいとはいえません。これが「耐えられない」と感じるのであれば、減少額ではなく減少幅である20％という割合が問題と考えられます。

これは分散投資で軽減できますが、分散投資は**時間（買付のタイミング）の分散**以外に、**地域の分散**と**資産の分散**が挙げられます。今回を機にこの2つの分散がより効いたポートフォリオを考えるのも1つの手でしょう。

例えば、保有中の投資信託の投資地域がアメリカや先進国だけ、あるいは新興国だけに偏っていた場合は、先進国やアジア、新興国などにまんべんなく投資する商品（**全世界型**）に乗り換える方法があります。

また、保有中の投資信託が株式型のみであれば、債券やREITなど他の資産にも投資する商品（**バランス型**）に乗り換えるのも1つの方法です。

## ◎運用予定期間の後半に差し掛かったとき

長期資産運用においては、**運用の初期と後期で運用戦略を変えるのもあり**です。特にiDeCoで運用している場合は、30年以上の長期が想定され、投資の目的も「老後生活資金」という特に手堅さが求められるものです。

受け取りの時期が次第に迫ってきたら、よりリスクを抑えた投資信託に乗り換えるのも1つの方法です。

ただ、長期投資になれば、積立金総額だけでなく運用益もそれなりにまとまった額になることが多いため、受け取りの直前で多少資産価格が下がってもトータルでは利益が出るケースが多いです。

# 第5章

# 楽しむ投資を実践する

1

投資の楽しみは一様ではない

# 「楽しむ投資」とは何を目指すのか？

「学びの投資」「資産形成の投資」に続き最後の３つ目が「マネトレ投資法③～楽しむ投資」（以下、「楽しむ投資」と記載）です。

これは投資をしているときの「楽しい気持ち」を大切にした投資です。証券会社時代に、いろいろな人にどういった投資をしたらいいかとよく聞かれました。そういう方の中には、将来に備えて手堅く「資産を増やしたい」という方もおられますが、それよりむしろ「投資を楽しみたい」からやりたいと言う方も少なくありませんでした。

## ◎楽しむ投資をする意味とは？

どうして「楽しむ投資」が必要なのか、それは「資産形成の投資」はある意味、「つまらない」投資だからです。資産形成の投資はセオリー通りにコツコツ資産を作っていく方法で、良くも悪くも自由な裁量はありません。これは自分で考え自由に投資をしたい人にとっては、投資のモチベーションを保つのが難しいという話をよく耳にします。

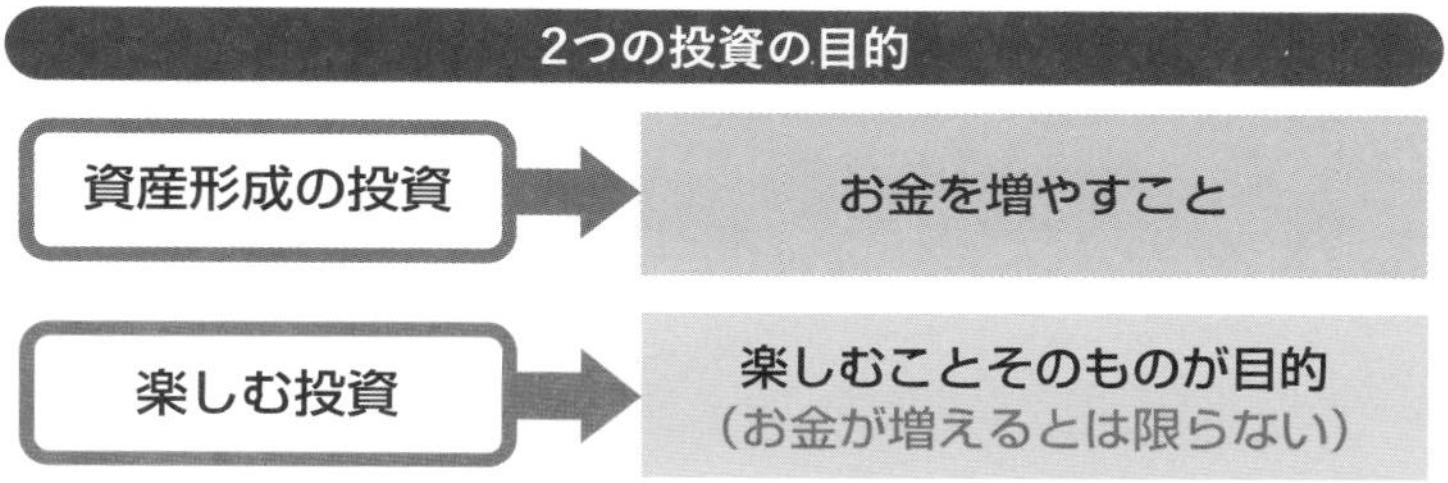


そういう方々の「投資を楽しみたい」という感情も尊重されるべきだと、私が考えたのが、この「楽しむ投資」です。

## ●従来型証券の顧客は「楽しむ」ために投資をしている

従来型の証券会社の顧客は、世間ではいわゆる**富裕層**とか呼ばれるような方々が多く、ある程度資産に余裕があります。

したがって、子供の教育資金や老後資金のために投資をするということはほとんどありません。投資で楽しむのが目的であり、仮に資産が値下がりしてもそれを許容できる方々です。

実際、今まで証券会社で見てきたお客さまは時代に先駆けたテーマに投資したり、投資した資産の価格が上下してワクワクしたり、今後の世界経済の動きなどを営業員と意見交換や議論をすること自体に魅力を感じているなと思いました。

ただし、皆さんがこれを真似するのは非常に危険です。一般の投資家の皆さんはこれから資産を増やす方々ですので、富裕層とは異なる投資を実践する必要があります。

そこで、「**マネトレ流～楽しむ投資**」が必要になってきます。

余裕資金で行う株式個別銘柄投資

# 2 一般投資家向けの楽しむ投資

「楽しむ投資」をするには、「資産形成の投資」が実践できていることが前提です。つみたてＮＩＳＡやｉＤｅＣｏを活用して最低限の資産を手堅く作りつつ、プラスアルファで楽しむ投資をするというイメージです。

楽しむ投資は、楽しむこと自体が目的で、お金が必ずしも増えるとは限らない投資です。これを１００％にしてしまえば、それは**投資ではなく投機となり危険**です。

## ◎楽しむ投資は「サテライト」の位置づけ

そこで、資産づくりのための最低限度の資産は「資産形成の投資」で作っていき、その上でまだある余裕資金の一部を「楽しむ投資」に回すという形を取ります。これはコア・サテライト戦略を参考にした考え方です。

**コア・サテライト戦略**とは、資産全体を中長期的に見て安定的な成長を目指す**コア**（＝**核**）となる部分と、リスクを取りつつリターンを追求していく**サテライト**（＝**衛星**）部

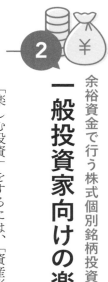

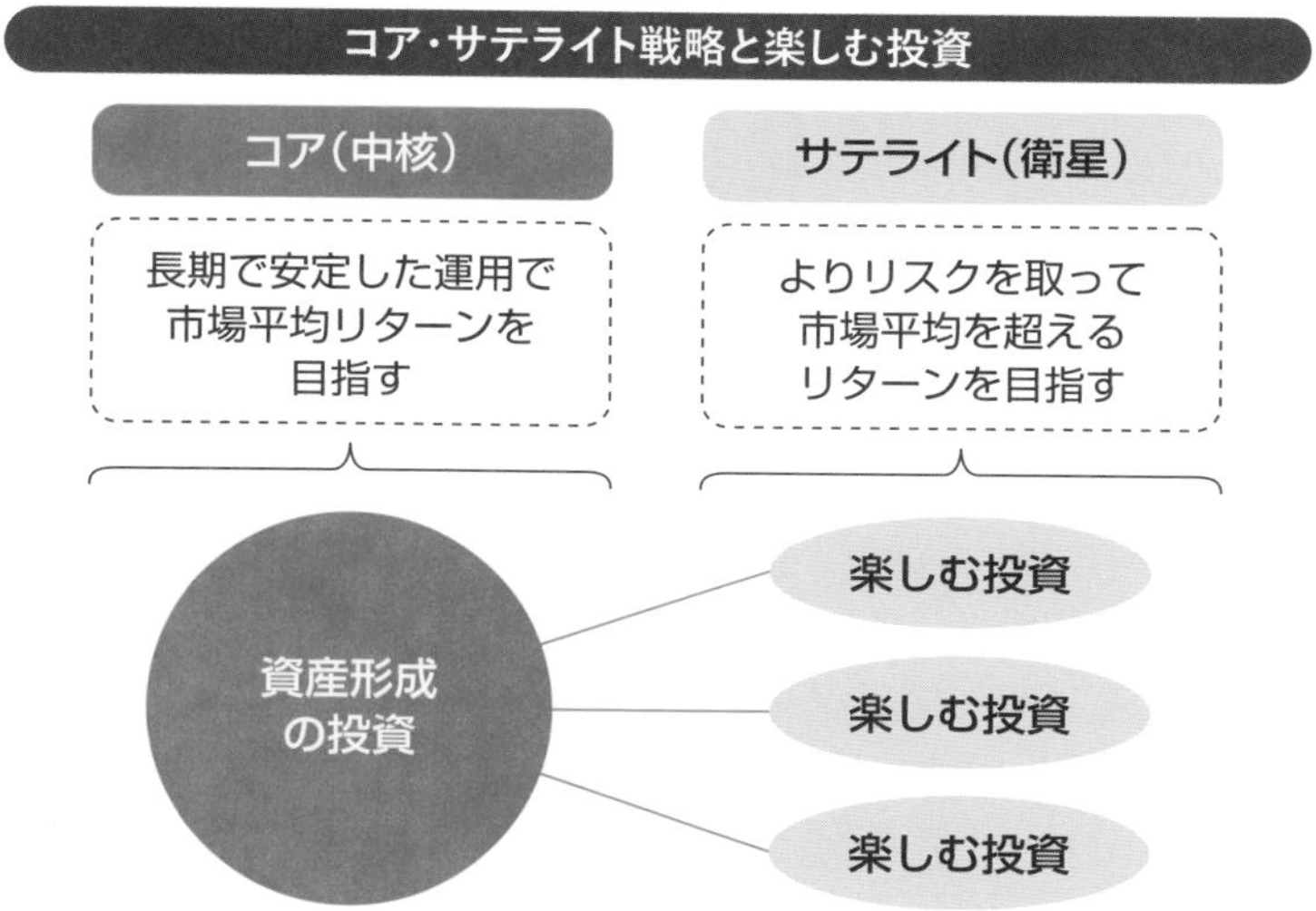


分とに分ける運用手法です。これはプロだけではなく一般の投資家にも当てはまる考え方です。

資産運用は将来のための大切なお金をある程度セオリーに沿って安定的に運用できる金融商品で運用するのがベースですが、さらに運用成績をアップさせるために、より値動きのある資産も一部組み入れるという要領です。

## ◎楽しむ投資で使う金融商品は？

結論から書くと「**個別株式**」です。その主な理由は以下の3点です。

①まず株式は、投資の一番の基本とな

る商品です。だからこそ、種類が豊富でなおかつ投資がしやすく、自由に銘柄を選んで投資を楽しみやすい金融商品だといえます。

②また株式は、いろんな意味で投資を楽しめる要素があります。どんな点で「楽しい」と感じるかは人それぞれですが、多様な観点で投資を楽しむことができます。

③さらに、投資した後の値動きをチェックすることで、金融リテラシーを上げやすい商品だということもできます。

振り返りで金融リテラシーを挙げる方法として、85ページでマネーダイアリーを紹介しましたが、この振り返りでは事前の予想と実際の結果を比べることができます。

この点株式は、後でどうして株価が上がったか、下がったか、説明がつきやすいです。こういった投資のビフォーアフターを比較することで、どんなときに金融資産の価格が動くかを学ぶことができます。

金融商品は本当に多種多様です。投資をするときにやってはいけないことの1つが、自分のわからない商品に手を出すことです。たとえ興味を感じる金融商品があっても、それが理解できないものであれば避けるべきなのです。

## ◎楽しむ投資の6ステップ

この投資の具体的なステップは以下の通りですので、順に説明します。

**①資産形成の投資の状況を確認する**

すでに実践しているつみたてＮＩＳＡやｉＤｅＣｏの資産運用が、４章のセオリー通りに行われているかを確認します。

**②まだ余裕資金があることを確認する**

楽しむ投資も余裕資金の範囲内で行うことは当然です。楽しむことを大事にしてどこかで値上がりすればよいというスタンスなので、リスクの高い投資になりがちですから、資産形成の投資以上にこのルールを守ることが大事です。

**③投資したいと思う銘柄を選ぶ**

自分が投資したら楽しいと感じる株式銘柄を選びましょう。感じ方は人それぞれですので、他人と比較する必要はありません。自分が投資したら楽しいと思えるかどうか、あくまでここを基準してください。

**④損切りのルールを決める**

資産形成の投資は、基本的に運用を途中でストップすることは稀ですが、楽しむ投資の場合は値動きの大きな投資にもなりやすいため、**いくらまで下がったら投資をストップして売るか、損切りのルールを決める**ことがとても重要です。

投資で大損したという話をいろいろな場面で見聞きしますが、これらの原因はたいてい下がったときの損切りのルールを決めていないか、決めていてもそれを実行できなかった場合がほとんどです。

### ⑤購入する

リスク管理までできたら実際に入金して買付をします。この点、新たに別の証券口座を作る必要があれば、あらかじめ作って入金をしておくことも大事です。

資産形成の投資は積立型の投資なので、いつ買うかというタイミングはあまり関係あり

## 損切りのルールを決めてそれを守る

ませんが、**楽しむ投資の場合はタイミングを見計らって買う**ケースも出てくるため、買いたいときにすぐに買えるように事前準備が特に重要になります。

**⑥価格をチェックする**

買った後は定期的に価格のチェックを行います。楽しむ投資なので、自然にチェックしそうだと感じるかもしれませんが、時間が経つとだんだん忘れてしまいがちです。

定期的にチェックしてこそリスク管理ができますので、ご自身でどれくらいのタイミングで行うかを決めて行います。そして、**売却するラインまで資産価格が下がったら、仮に損失が出ていたとしても機械的に売るようにする**ことも非常に重要です。

ときには買ってすぐに下落して損切りの売価に達してしまうこともあります。こういうときに「まだ始めたばかりだから様子を見よう」などと考えて売却をためらうと、大損につながりかねませんので要注意です。

3

チェックシートでタイプを診断

# あなたにお勧めの楽しむ投資法（4タイプ）

どんな点が楽しいと感じるかは人それぞれですが、あなたがどのタイプに当たるかのチェックシートも作ってみましたので、やってみてください。代表的なものをいくつか紹介しながら、個別株式の選び方を説明します。

これは1つの目安にすぎませんので、他の投資に興味がある方はそちらをご参照ください。

**Q. チェックシートで「はい」が一番多いのはどれ？**

| | |
|---|---|
| Aが多い | ワクワク投資（200ページ） |
| Bが多い | 推しの投資（209ページ） |
| Cが多い | 社会貢献の投資（214ページ） |
| Dが多い | トレンドの投資（219ページ） |

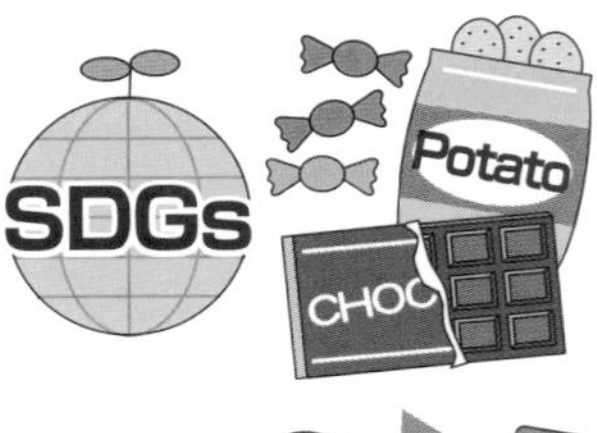

## タイプ別診断

| 分類 | 質問 | はい | いいえ |
|---|---|---|---|
| A | 株価が上下動を見るとワクワクする | | |
| | 実は一攫千金を狙っている | | |
| | 早期リタイアに関心がある | | |
| | 数字には強い方だ | | |
| | 新しいことを勉強するのは苦手ではない | | |
| | 政治や経済に関心がある | | |
| | データ分析が得意だ | | |
| | リターンを得るためのリスクは厭わない | | |
| | 気持ちの切り替えが早い方だ | | |
| | 先行きが見通せないことに苦を感じない | | |
| B | 自分の大好きな商品やサービスがある | | |
| | 応援中の有名人、スポーツ選手、キャラクターがいる | | |
| | お得という言葉に弱い | | |
| | 趣味は大事にするタイプだ | | |
| | クラウドファンディングにお金を出したことがある | | |
| | ふるさと納税をしている | | |
| | 好きなことへの投資は惜しまないタイプだ | | |
| | 形のないものよりあるものの方が安心する | | |
| | 未来も大事だが今も大切にしたい気持ちが強い | | |
| | 共感するものにお金を使いたい | | |
| C | 今までボランティア活動をしたことがある | | |
| | SDGsが何か人に説明できる | | |
| | 人から感謝されることが好き | | |
| | 毎年どこかに寄付をしている | | |
| | 困っている人につい目がいってしまう | | |
| | 環境問題もしくは貧困問題に関心がある | | |
| | 感受性が強い方だ | | |
| | 人は平等であるべきだという志向が強い | | |
| | 他人のためにある程度自分を犠牲にできる | | |
| | 自分のことしか考えない人を見ると特に腹が立つ | | |
| D | 流行を追いかけるのが好き | | |
| | 情報収集が得意だ | | |
| | 他の人よりも時代の先端をいきたい | | |
| | 未来を予想するのが好き | | |
| | 今のトレンドを3つすぐに挙げられる | | |
| | 昨年の流行語大賞のノミネート語を3つ挙げられる | | |
| | 人がたくさん並んでいるお店を見ると並んでしまう | | |
| | SNSを比較的よく利用する方だ | | |
| | 情報収集の際に参考にする媒体もしくは人がいる | | |
| | 新しいスポットができるとすぐにいきたい方だ | | |

## 4 割安株投資と成長株投資

# 大きな値上がりを狙うワクワク投資

これは投資で大きな資産価格の値上がりを期待する投資です。株式投資の世界では買った銘柄が10倍になる**テンバガー銘柄狙い**というものもあります。株で大きな値上がりが期待できる銘柄を見つける視点は、大きく2つあります。

### ◎ワクワク投資① 割安な銘柄を狙う

株式投資は購入するタイミングが重要です。それは株価が割安なときに投資をすることです。割安度をチェックする基本的な指標として、PER、PBRがあります。これらの指標は、どの会社の株価が割安なのかの目安になります。

**PER**（Price Earnings Ratio）とは、「**株価収益率**」のことです。株価が1株当たりの今期予想純利益（単に**予想1株益**ともいう）の何倍になっているかを示します。一般に20倍を超えていれば割高とされていますが、業種にもよるので、業種平均や同業他社と比較したりします。

## 割安指標（PRRとPBR）

$$\text{PER（株価収益率）} = \frac{\text{株価}}{\text{今期予想1株益}}$$

$$\text{PBR（株価純資産倍率）} = \frac{\text{株価}}{\text{直近の1株純資産}}$$

●A社の株価が2,000円で、
今期予想1株益が250円の場合

$$\text{PER（株価収益率）} = \frac{\text{2,000円}}{\text{250円}} = \text{8（倍）}$$

●A社の株価が2,000円で、
1株純資産が2,500円の場合

$$\text{PBR（株価純資産倍率）} = \frac{\text{2,500円}}{\text{2,000円}} = \text{1.25（倍）}$$

**PBR**（Price Book-value Ratio）とは、「**株価純資産倍率**」のことです。株価が直近の本決算期末の「1株当たり純資産」の何倍になっているかを示します。これが1倍を割っていると理論上は割安とされていますが、現実にはかなり以前から1倍割れの銘柄が多くなっており、業種平均が1倍割れの業種も少なくありません。

これらの指標は証券口座の取引サイトや「**YAHOO!ファイナンス**」などでチェックできます。

また、今期予想1株配当を株価で割った「**配当利回り**」も割安度を見る指標の1つです。

ここ10年近くの間、株価が好調な時期が続いてきましたので、日本だけでなく海外も含め株価は比較的割高になってきています。

直近では、インフレやウクライナ紛争などもあり、短期的には幾分下がってはいますが、中長期で見れば全体としてまだ割高だと判断することもできます。その場合は、次のもう1つの方法があります。

## ◎ワクワク投資② 成長期待の高い銘柄を狙う

もう1つの方法は成長期待の大きい銘柄を狙うことです。

以前に比べ、成長期待のある銘柄の中でも、割高ながら株価が好調な銘柄もあります。選ぶ基準はいろいろとありますが、お勧めは**企業の独自性**です。独自性という着眼点なら、投資の初心者でも大きな値上がりが期待できる銘柄を発掘できるからです。独自性のある会社を見つけたら、直近の業績も合わせてチェックしましょう。どんなに独自性があっても業績自体が悪ければ、少なくとも中長期の投資には向いていません。

### ●ニュース、雑誌、新聞、ネット等から見つける

企業は日々経済活動を営んでいて、それらがいろいろな媒体でニュースになります。そういった情報で、他の会社とは異なる独自性のある企業を見つけることができます。

私自身の場合、日本経済新聞朝刊を毎日読むほか、テレビ東京系列「カンブリア宮殿」

や「ガイアの夜明け」、ＴＢＳ系列の「がっちりマンデー」が好きで、ほぼ欠かさず毎週チェックをしています。

リアルタイムで見られなくても、今は無料放送の**ティーバー（TVer）**で見られる番組が多く、上記の情報番組３つもティーバーで視聴できます。

雑誌であれば、定額読み放題のサブスクリプションサービスに登録すれば、１つずつ購入しなくとも、スマホで時間のあるときに幅広くチェックできます。

ネットも「**ニューズピックス（NewsPicks）**」などのアプリを使えば、さまざまな媒体から気になるニュースを効率よく収集することができます。

このように、自分が情報収集をする媒体をある程度決めて、そこから効率よく情報収取できるよう工夫するとよいでしょう。

## ●会社四季報などを活用する

「**会社四季報**」は、東洋経済新報社が１９３６年に創刊した、いわば「上場企業の辞典」です。四半期毎に年４回（３・６・９・12月）発刊され、企業情報収集の定番書として、株式投資のみならずマーケティングなど各方面で利用されています。

データ分析が好きな方や調べ物が得意な方であれば、こういったところから独自性のあるる会社を見つけてみるのもいいでしょう。

選択した銘柄の四季報情報は、証券口座があれば取引サイトで無料でも見られる証券会社もあります。ただ、銘柄発掘という点では、いろいろな使い方ができますので、一度書籍版か電子版（各・税込２３００円）を購入してみることをお勧めします。

## ●自分の専門分野から見つける

ご自身の専門分野や得意な分野から見つける方法も有力です。

例えば、理工系出身の人であれば、製造業でどの企業が独自性のあるすごい技術を持っているのか感度が高いでしょうし、新技術開発などのニュースがあったとき、その技術の実用化でどれだけ会社の売上に貢献しそうか、他の方よりも感度が高いでしょう。

一方、工学系の知識がない人にとっては、これはちょっとハードルが高いかもしれません。しかしその反面、知識がない分制約にとらわれずに考えることができ、「これ、おもしろい！」と長い目で見ることで他の投資家に先駆けた投資がしやすくなり、数年後に花開く銘柄に出会うこともあるかもしれません。

その例として、**MonotaRO（３０６４）**と**アイ・アールジャパンホールディングス（６０３５）**を紹介します。

東証PRM
(3064)

## MonotaRO

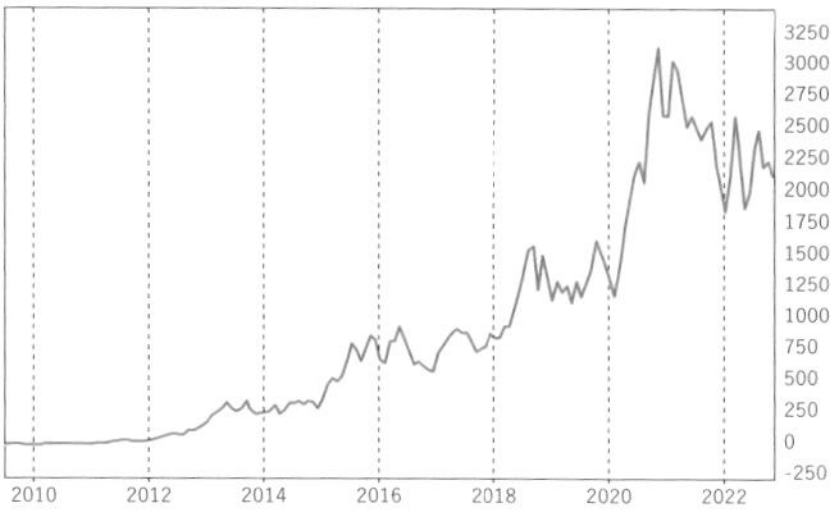


➡株式データ

決算　12月末
業種　小売業
株価　2,117円（2022.11.4）
予想PER　61.63倍
実績PBR　15.78倍
予想１株配当　13.5円
予想配当利回り　0.64％
株主優待　あり

➡注目ポイント

工事や工場関連の資材をネット通販で取り扱っている会社。2012年春までは株価が100円未満だったが、2015年あたりから上がり始め、2020年11月には3,000円を突破した。土木や工場関連の関係者には有名企業かもしれないが、世間一般で有名な会社とはいえない。仕事の関連で知っていれば、会社の独自性に注目して投資がしやすかった銘柄といえる。

---

東証PRM
(6035)

## アイ・アールジャパンHD

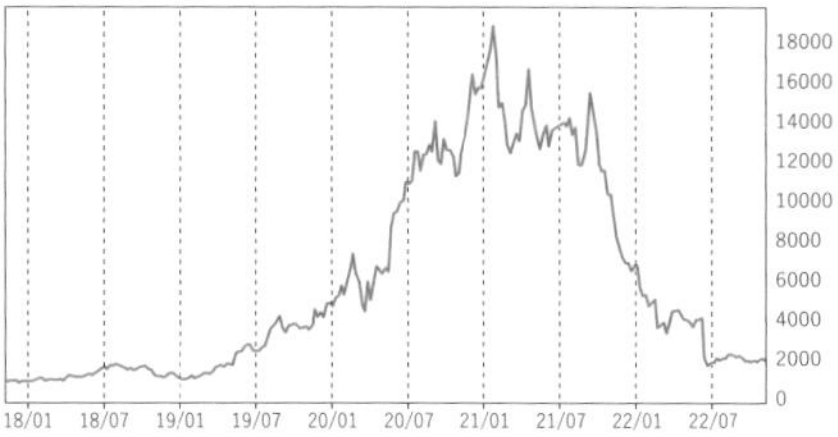


➡株式データ

決算　３月末
業種　サービス業
株価　1,923円（2022.11.15）
予想PER　87.57倍
実績PBR　5.21倍
予想１株配当　113円
予想配当利回り　5.88％
株主優待　なし

➡注目ポイント

企業のIR・SRなどリサーチなどを手がける会社。2019年初は株価が1,100～1,200円程度だったが、そこから急上昇し2021年初には17,000円を超え、この数年でテンバガーとなった銘柄。しかしその後は断続的に急落。
こちらもIR、法務、経理、経営企画の仕事をしている人なら、企業の独自性に着目して投資がしやすかった銘柄といえる。

## ●他の投資家と交流する

投資にはよくも悪くもその人の視点が入ります。その視点だけで銘柄を発掘しようとすると、盲点に気がつかず投資のチャンスを逃すケースが増える可能性もあります。その観点で、他の投資家と交流する方法もあります。他の投資家の中には、自分とは違った着眼点で銘柄を見つけている人もいます。そういったさまざまな投資家と交流することで、自分にはない銘柄発掘の着眼点を得ることができます。

この点、投資関係のイベントでは、残念ながら怪しい金融商品を売りつけることが目的だったり、会に不健全な人が入り込んでいる可能性もないとはいえません。

どういう場に参加するか判別が難しい場合は、ネット上のコミュニティで他の投資家と交流する方法もあります。

110ページで紹介した「トレダビ」を利用すれば、他の投資家が今どんな銘柄に投資しているか、どういう投資が利益を上げているかも含めて、外部の人でもチェックすることができます。

また、「**みんかぶ**」(https://minkabu.jp/) などネット上の株式のコミュニティも無料で使えますので、こういったところで他の投資家がどんな投資をしているか参考にすることができます。

## ●身近な生活の変化に着目する

ここまで読んだ人の中には「自分にはムリ…」と思われた方もいるかもしれません。ただ、誰でも身近な生活の変化から独自性のある会社を見つけることができます。今では誰もが知っていると思われる有名な商品やサービスを扱っている会社の中にも、まさにテンバガーを達成した会社があります。その代表格として2社を挙げます。

例えば、料理が好きな人の中には、「**業務スーパー**」というチェーンを愛用している方もいると思います。この業務スーパーは**神戸物産（3038）**という企業がFC展開しています。ここには他で売っていない独自性のある商品が並んでいて、同じものが並びがちなスーパーの中でも特徴が際立っています。

また、ファッションに関心のある人なら、「**WORKMAN**」は行ったことがある人も多いでしょう。**ワークマン（7564）**は元々作業着の専門チェーンでFC展開していきます。丈夫な服を作る独自の技術を持っており、最近ではそれを一般向けの服にして販売してヒットし、業績が急拡大しており、マスコミなどでの露出も増えていきました。

この2例のように、「こういった独自性のある商品があるなら、いずれ話題になり株価もこれから上がるだろう」と早い段階で感じた人もいることでしょう。

## 東証PRM（3038） 神戸物産

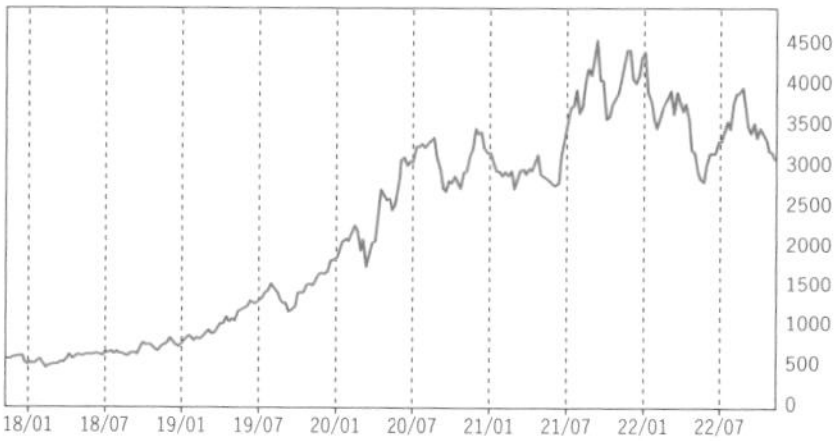


➡株式データ

決算　10月末
業種　卸売業
株価　3,110円（2022.11.4）
予想PER　34.30倍
実績PBR　7.61倍
予想１株配当　21円
予想配当利回り　0.68％
株主優待　あり

➡注目ポイント

食料品の「業務スーパー」をFC展開。2000年３月の１号店以来、高水準で出店が続き、2022年10月には1,000店舗を達成。自社製造のオリジナル商品や海外直輸入などのプライベートブランド商品も充実しており、人気を集める。株価は2019年から急上昇して2021年末には4,500円近くに達し、ここ５、６年で10倍になった。

---

## 東証STD（7564） ワークマン

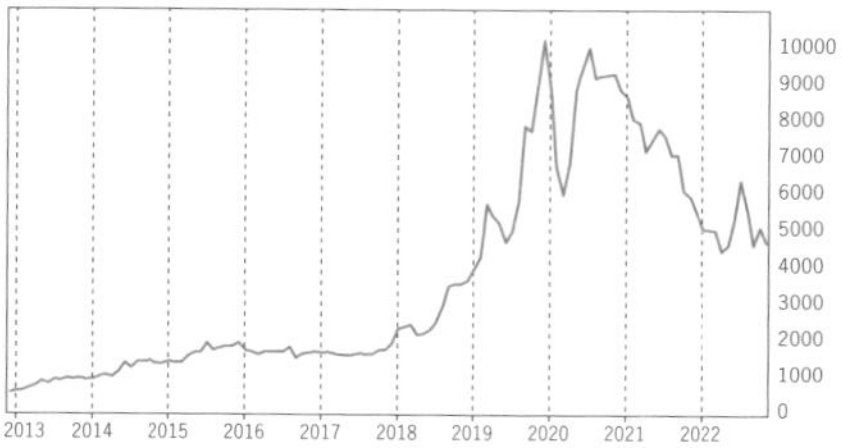


➡株式データ

決算　３月末
業種　小売業
株価　4,670円（2022.11.4）
予想PER　22.71倍
実績PBR　3.68倍
予想１株配当　68円
予想配当利回り　1.46％
株主優待　なし

➡注目ポイント

1982年創業。作業服、作業関連用品の専門チェーンとしてFC展開。近年はアウトドアやキャンプ用品、一般向け衣料、シューズなども扱うほか、WORKMAN488店舗に加え、WORKMAN＋、#ワークマン女子など業態を広げている。株価は2014年～2017年は1,000円～1,900円で推移していたが、2018年初に2,000円を超え急上昇し2019年末に１万円に達した。

## 5 自分の好きな商品・サービスなどからのアプローチ

# 自分の「好き」にこだわる推しの投資

「推しの投資」は自分の好きな商品、サービス、キャラクターなどを扱っている企業の株式に投資することで、当該企業を応援する投資です。

最近は、自分の好きなアイドルなどを応援する「推し活」が若者の間で流行しており、文芸でも推し活がテーマの作品が最近文学賞を受賞しています。

## ◎推しのアイテムから銘柄を探す

これを投資に応用したのが「推しの投資」です。リアルな推し活とは異なり、投資した後に配当金や値上がり益などのメリットを得られる可能性があります。また、一定の株主に「**株主優待**」を配布する企業もあります。好きな会社の株主になって、この株主優待を楽しむという方法もあります。

このように、推しの投資は「自分の好き」に投資するので、選ぶ株式の銘柄は「楽しむ投資」の中でも一番選びやすいといえるでしょう。

## ◎推しの投資のやり方

自分の好きな商品、サービス、キャラクターをできるだけたくさんリストアップします。次にそれらを扱っている企業名を調べ、上場しているかチェックします。

具体的には、ネットの検索サイトで「○○会社」、「会社名　上場」などと打てば、すぐに調べることができます。

注意することは、その会社が上場企業の子会社などの場合です。この場合も会社から調べていけば、その商品に関連して株価が上昇している会社などが話題になっている場合があるので、そこから見つけることができます。

### ●社名などを検索してみる

例えば、昨年流行語大賞にも選ばれたスマホゲームの「**ウマ娘**」を作っているゲーム会社を調べたいと思った場合について説明します。

検索サイトのグーグルなどで「ウマ娘　会社」と検索すると、「Cygames」、「サイバーエージェント」という2つの会社が出てきます。ここで、サイバーエージェントの関連会社かもと気がつきますし、そうではないとしても、「Cygames　上場」で検索すると、Cygamesが**サイバーエージェント（4751）**の子会社であることがわかります。

また、好きな人物がいる場合は、その人をリストアップし、所属している事務所などを調べてみましょう。もしかしたら、自分の好きなアーティストなどが関連している会社が上場企業かもしれません。

### ●株主優待で銘柄を選びたい

推しの投資で、「**株主優待**」も欲しいと感じる方も多いと思います。株主優待の調べ方も説明しておきましょう。

株主優待の内容ですが、自社製品の優待券や割引券、自社製の特別品やクオカードなどの景品を提供するというケースが多いです。例えば、ハンバーガーでおなじみの**日本マクドナルドHD（2702）**や、多くの外食チェーンを傘下に持つ**コロワイド（7616）**など、食事優待券がもらえる銘柄は以前から人気がありました。

検索サイトで「株主優待一覧」と検索すれば、株主優待をチェックできるサイトがたくさん見つかります。このあたりから利用しやすいものを選ぶとよいでしょう。

株主優待をもらうために注意することは、株式購入のタイミングと金額です。少なくとも**1単元（通常は100株）以上の購入**が必要になりますので、銘柄によってはある程度まとまった金額が必要になります。また、株主優待や配当金は、この日に株主である人に配布します、というタイミング（**権利確定日**）があるため、その権利が得られる最終購入日（**権利付き最終日**）までに株を購入することが必要です。

ただ、そのタイミングで買えば必ず優待がもらえるかというと、最近はそうとも限りません。権利確定日を半年毎に年2回に分けたり、株式をある程度長期間保有することを条件とする企業もあります。また優待制度を縮小したり、廃止する企業もありますので、**株式の購入は必ず最新情報を確認してからにしましょう。**

## ●株価（投資金額）との関係で判断する

さらに、優待目的だけのために、優待金額に見合わないほど株価が上昇している銘柄を買うのは避けた方がいいでしょう。例えば、前述のマクドナルド株の株主優待は現在も魅力的ですが、株価は2018年半ば以降現在まで5000円前後で推移しており、優待も加えた投資利回りを計算して検討するとよいでしょう。

一方、安い投資金額でも株主優待を発行する企業もあります。家電量販店の**ヤマダHD**（**9831**）は、優待券（500円分）が100株の保有で3月末なら1枚、9月末なら2枚もらえます。2022年11月4日時点の株価は468円ですから、100株だと4～5万円の投資金額で、もらえることになります。

## 株主優待の例（2022年11月4日時点）

| 銘柄名（証券コード） | 内　容 | 権利確定月 |
|---|---|---|
| **イオン（8267）** | 100株以上で保有株数により、半期の買物金額の3％～7％をキャッシュバック（買物限度額100万円）。毎月20・30日の感謝デーは5％割引。その他に長期保有優待特典あり。 | 2月末、8月末 |
| **タカラトミー（7867）** | 〔**3月末・9月末**〕100株以上で保有期間により、公式通販サイトでの買物につき10％～40％割引（買物限度額各期10万円）。〔**3月末**〕100株以上でオリジナル「トミカ」2台セットなど。 | 3月末、9月末 |
| **エイベックス（7860）** | 100株でdTV、AWAを一定期間無料で視聴できるクーポンコードを進呈。2022年は、同年9月末時点100株保有で「株主様限定ライブ」に招待（応募者多数の場合は抽選）。 | 3月末 |
| **日本マクドナルドHD（2702）** | 優待食事券（バーガー類、サイドメニュー、ドリンクの商品引換券が6枚ずつで1冊）を進呈。100株以上1冊、300株以上3冊、500株以上5冊。 | 6月末、12月末 |
| **コロワイド（7616）** | 500株以上で、「かっぱ寿司」「北海道」「甘太郎」など一定の系列チェーン店舗で利用できる優待ポイントを年2回発行（各1万円相当）。 | 3月末、9月末 |
| **ヤマダHD（9831）** | 100株以上で保有株数により、買物優待券（500円）を進呈。〔**3月末**〕100～499株1枚、500～999株4枚、1,000～9,999株10枚など。〔**9月末**〕100～499株2枚、500～999株6枚、1,000～9,999株10枚など。 | 3月末、9月末 |
| **進学会HD（9760）** | 100株以上でQUOカード（1,000円）のほか、希望者に自社経営の学習塾、スポーツクラブで使える優待券（1人3,000円相当割引）を発送。 | 3月末 |

SDGsやESG経営に取り組む企業を評価する

# 6 企業を応援する社会貢献の投資

社会貢献の投資とは、ご自身の興味・関心のある分野で意義のある活動をしていると思われる企業の株式を購入することで、その企業を応援し、社会貢献の一端を担おうというものです。

## ◎投資をすることで企業を応援する

社会貢献といえば、ボランティアや奉仕活動を思い浮かべる方が多いと思いますが、お金を出すことも立派な社会貢献です。

株式は1単元（通常は100株）以上保有すると、当該株式を発行する企業の**株主総会での議決権**も与えられます。ですから、**株式投資は資産を増やすだけでなく、同時に投票を通じてその企業の経営に参画すること**でもあります。

そういう意味で、普段の生活においても、ごみや二酸化炭素を少しでも減らすために無駄なビニール袋はもらわないとか、食品ロスを減らそうとか、少し高いけど無農薬の

## 持続可能な開発目標（SDGs）

（出所）「持続可能な開発目標（SDGs）に向けて日本が果たす役割」（外務省）

食材を買おうとか、ちょっとした社会貢献に意識のある方にとっても、株式投資は「楽しい」と感じられるものです。

しかし、社会貢献といっても、どんな視点で投資先の企業を選んだらいいか、難しいかもしれません。この点で迷ったら、「**SDGs**」に関する活動に力を入れている企業を選ぶのもいいでしょう。

### ◎SDGsの潮流

SDGsを日本語に訳すと、「**持続可能な開発目標**」（Sustainable Development Goals）の略称です。これは2015年9月に国連サミットで採択された、2030年を年限とする「**誰一人取り残さない**」**持続可能で多様性と包摂性のある社会の**

**実現のための17の国際目標**（その下に169のターゲットがある）です。

そのためには、どれか1つを達成するため他のものが害されるということは許されません。例えば、途上国で経済と雇用を活性化させ貧困をなくそうという場合、森林を伐採して自然環境が破壊されてしまうとすれば、それはSDGsにつながる活動とはいえません。

## ●ESG経営とESG投資

今世界各国ではSDGs実現への機運が盛り上がり、企業もまた「Environment（**環境**）」、「Social（**社会**）」、「Governance（**企業統治**）」の分野を考慮した経営（**ESG経営**）を志向するようになってきました。

そして、SDGsに力を入れたり、ESG経営への取り組みを評価して企業に投資することが、「**ESG投資**」として今注目されているのです。

## ◎社会貢献の投資のやり方

まず、SDGsの17分野のうち、自分が特に関心のある分野を選びます。次に、その分野で活動していそうな企業のホームページをチェックします。

ホームページは見比べてみると、企業によってタイプが分かれます。一般的に上場企

## ホームページの説明例（ソフトバンク）

（出所）ソフトバンクホームページ（https://www.softbank.jp/）より抜粋

業であれば、何かしらの形でＳＤＧｓ関連の取り組みのことは書いてあるはずです。ＳＤＧｓ関連の特設コーナーを設けている企業も少なくありません。

例えば、**ソフトバンク（9434）**のホームページを見ると、サステナビリティという項目内に「ＳＤＧｓの取り組み」「ＥＳＧの取り組み」という項目があり、それぞれ具体的な取り組みや目標などが詳細に説明されています。

このように、企業のホームページで具体的な取り組みについてチェックすると、本当にＳＤＧｓに力を入れていると感じられる企業もあれば、中にはＰＲが先行していて中身が充実していないのではと感じられる企業もあるかもしれません。

「見せかけ」だけになっていないか、ここは投資をする側もしっかりチェックしたい部分です。

### ●ホームページだけ判断できない場合は？

この場合は、他のいろいろな方法で情報収集してみましょう。以下、考えられる方法についてご紹介します。

・企業のCM、SNS
・知り合いに社員がいればどんな会社か聞いてみる
・ネットで社員の声を聞いてみる
・一般消費者向けの商品やサービスを扱っていたらお店に行ってみる、買ってみる
・ネット上のコミュニティなどで他の投資家に聞いてみる

ここは、1つの方法ではなく、考えられるいろいろな方法を組み合わせて情報収集をしてみるといいでしょう。

7

すべてのジャンルにトレンドは存在する

# 想像力で勝負するトレンド投資

「トレンドの投資」は、**最近話題のテーマに関連した企業や注目を集めている企業に投資する**というものです。世の中には常に新しいトレンド（流行）が生まれ、しばらくするとまた次のトレンドへと移り変わっていきます。

皆さんの中で、そうしたトレンドを追いかけるのが好きな方は、関連企業の株式を購入するという方法もあります。

## ◎トレンド投資のやり方

トレンド投資のやり方は至ってシンプルです。自分の興味・関心のあるテーマを選び、そのテーマに関連した話題の商品やサービスを取り扱っている企業を選びます。

例えば、新型コロナウイルス感染症で世間が慌ただしくなった２０２０年春頃であれば、これからのトレンドとして、各方面でＩＴを活用したビジネス展開がさらに加速していくだろうと考えた人は多かったでしょう。

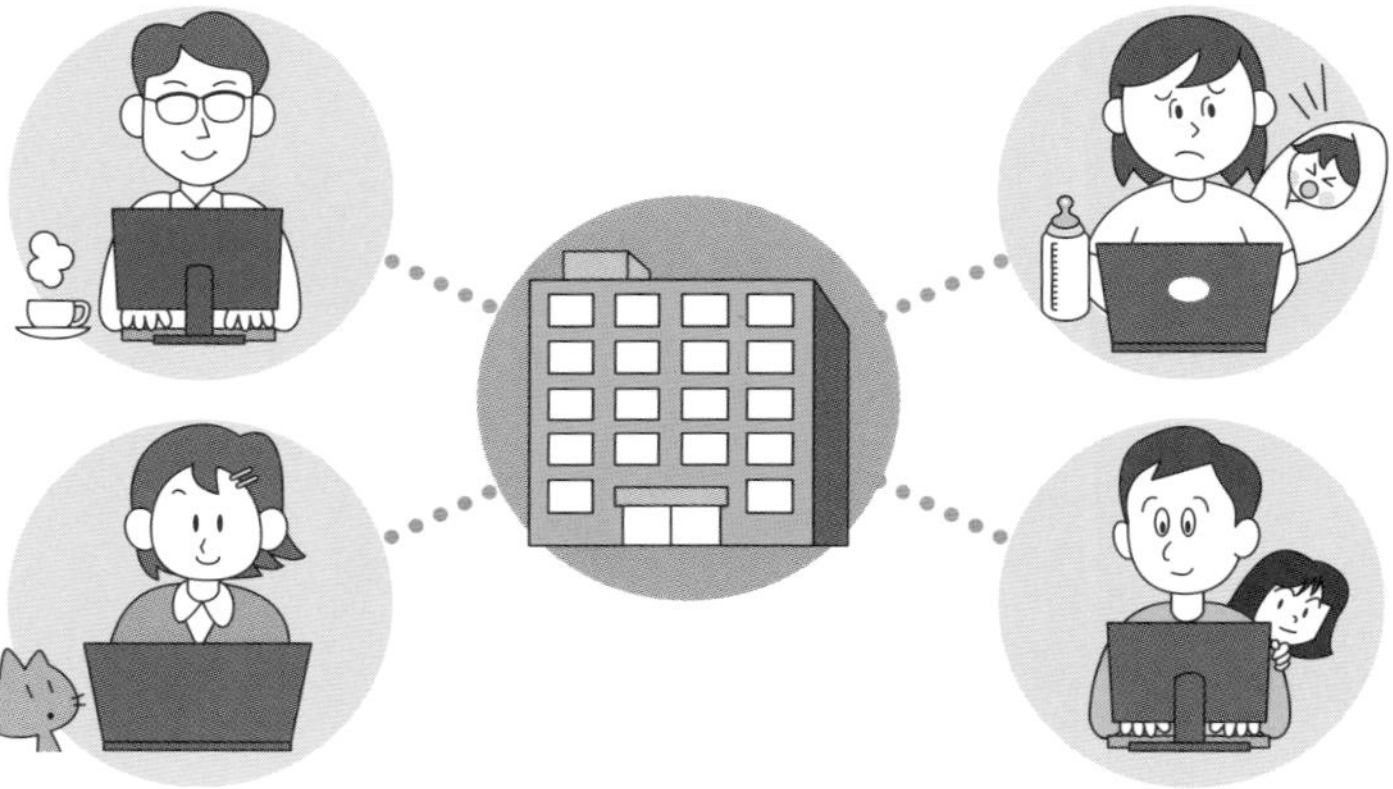

●具体的なテーマ

これには、一例として**テレワーク、DX（デジタルトランスフォーメーション）、5G**などが引き続き挙げられます。

例えば、**弁護士ドットコム（6027）**は、ウェブでの弁護士向けサービスや一般会員向け法律相談を行っていますが、併せて電子契約に関するサービスも取り扱っています。

コロナ禍によるテレワーク急増で需要が増すだろうと、コロナ後のトレンドとして人気化し、株価は2020年3月初めに4000円前後だった株価は10月には一時1万5000円を超えました。しかし、その後は断続的に下落し、現在は3000円～4000円で推移しています。

また、DXという視点ではコンサルティングサービスを展開する**ベイカレント・コンサルテ**

**イング（6532）**が挙げられます。さまざまな業種へのデジタル技術向けのコンサルティングに提供があり、まさにDX化が急務な現在のトレンドに沿った事業を展開する会社といえるでしょう。

製造業としては、**レーザーテック（6920）**は、「光応用技術」を用いた先端半導体関連の検査装置などを製造しているメーカーです。先端半導体は5Gに欠かせない部品であり、最新技術が必要です。コロナ禍でDX化が急速に進展し、半導体の需要が急増すると見込まれて株価が急上昇したことでも、5Gというトレンドに乗った銘柄といえるでしょう。

## ◎情報感度が高いことは株式投資で大きな強み

ご紹介した銘柄は、先端技術に関する企業が中心でしたが、もちろんトレンドはそれだけではなく、ファッション、音楽、食べ物、遊び、健康法…どの分野でもトレンドはあります。

株式投資では、いち早く情報を手に入れた人が大きな値上がり益を期待できます。自分の気になるトレンドに関係している会社が上場していれば、無理のない範囲で投資を考えてみるのもいいでしょう。

東証PRM
(6532)

## ベイカレント・コンサルティング

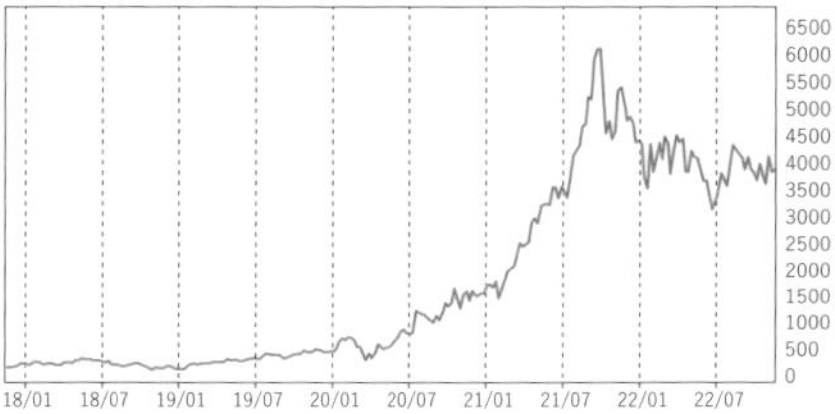


➡株式データ

決算　２月末
業種　サービス業
株価　3,970円（2022.11.7）
予想PER　32.98倍
実績PBR　13.16倍
予想１株配当　30円
予想配当利回り　0.76％
株主優待　なし

➡注目ポイント

1998年創業。銀行、証券、保険、電気・ガス、石油・科学、交通、医療・介護、小売りなど多くの業界を手掛け、IT、DX、デジタル技術などに強い総合コンサルティング会社。2020年初頭には500円台だった株価が、コロナ禍による需要増の期待で急上昇し、2021年９月には一時6,000円を超えるまでに上昇した。2022年11月１日、１株：10株の株式分割を実施。

---

東証PRM
(6920)

## レーザーテック

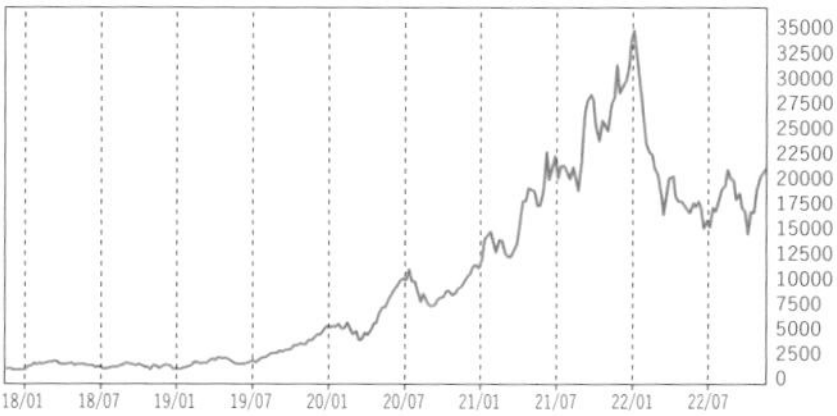


➡株式データ

決算　６月末
業種　電気機器
株価　21,540円（2022.11.7）
予想PER　58.86倍
実績PBR　26.39倍
予想１株配当　129円
予想配当利回り　0.60％
株主優待　なし

➡注目ポイント

1960年創業。最先端の光応用技術を用いた半導体関連装置、FPD関連装置、レーザー顕微鏡を製造販売するメーカー。主力の半導体関連装置が８割超を占める。コロナショック前の2020年２月の株価は5000円前後だったが、そこから急上昇し2022年１月には高値で36,000円まで上昇した。その後は断続的に急落し、現在は15,000～21,000円前後で推移。

■著者紹介

佐藤　彰（さとう・あきら）

2006年中央大学法学部法律学科卒業。佐藤彰コーチングFP事務所代表。ファイナンシャルプランナー。大手と新興の２社の証券会社を経て現職。証券会社勤務時代はコンプライアンスと人材育成部門に従事。現在はお金やキャリアに関する個人相談、ライフプラン・確定拠出年金・コーチング等に関する企業研修に従事。女性メディア、金融メディアでの執筆・監修多数。FP以外に米国のコーチ資格も保有。金融教育を重視しており、コーチングの手法を用いて「ひとり立ち」できるところまでの継続支援がモットー。趣味はカフェ巡り。

HP：https://satoakira-fp.com/

公式LINEのQRコード


“こわい”がなくなる投資１年生の教科書

2023年１月６日　初版第1刷発行
2023年２月８日　初版第2刷発行

著　者　佐藤　彰
発行者　石井　悟
発行所　株式会社　自由国民社
〒171-0033　東京都豊島区高田 3-10-11
https://www.jiyu.co.jp/
電話 03-6233-0781（営業部）

印刷所　新灯印刷株式会社
製本所　新風製本株式会社
ブックデザイン　吉村朋子
イラスト・本文DTP　有限会社中央制作社